1분 디자인

1분

디자인

상상예찬

1분 디자인

지은이 | 간바 와타루
옮긴이 | 이수미
펴낸이 | 김원중

편   집 | 백진이
디 자 인 | 고미용
마 케 팅 | 배병철
관   리 | 김선경

초판인쇄 | 2009년 1월 5일
초판발행 | 2009년 1월 10일

출판등록 | 제301-1991-6호(1991.7.16)

펴 낸 곳 | (주)상상나무
          도서출판 상상예찬
주   소 | 서울시 마포구 상수동 324-11
전   화 | (02)325-5191 팩   스 | (02)325-5008
홈페이지 | http://smbooks.com

ISBN 978-89-86089-25-7 (03320)

값 10,000원

PROLOGUE

인간은 8시간을 자고 8시간을 일하며 8시간을 즐기며 사는 동물이다.

하지만 '수면은 6시간만으로도 충분하다' 는 사람도 있듯이, 하루를 정확하게 삼등분하여 생활한다는 것은 거의 불가능하다.

그러나 이 '삼등분 이론' 을 기준으로 생활하는 것은 인간의 본능에 가장 가까운 행위이다. 그렇기 때문에 지구상의 대부분의 기업이 8시간 노동을 기본으로 삼고 있으며, 초과한 노동에는 그 대가(야근수당)를 지불한다.

요즘과 같은 장기불황 속에서 야근수당마저 삭감되었다는 슬픈 이야기를 자주 듣지만, 이와는 별도로 나는 이런 말을 하고 싶다.

당신은 쓸 데 없이 매일 야근을 하고 있지는 않은가?

'8, 9시까지만 일하면 되니까 뭐…' 라고 자신도 모르게 습관적으로 생각한 나머지 근무시간에도 충분히 할 수 있는 일을 미루고 있지는 않은가?

이것은 너무나도 아까운 시간의 낭비이다.

비즈니스의 전환기에 다다른 오늘날, '실력주의' 나 '국제 비즈니스' 는 모든 직종에서 강조되고 있는 핵심어다. 결국 비즈니스맨의 바람직한 모습이 변화되고 있는 것이다. 따라서 회사를 위해 몸 바치는 '회사형 인간' 이 각광받던 시대는 이제 먼 옛날이야기가 되고 말았다.

지금 기업이 원하는 인재는 한 마디로 '멀티 탤런트형' 이다. 예를 들면 영업직이라고 해서 영업에만 탁월한 재능을 발휘하는 사람이 아니라, 다양한 지식이나 경험을 가지고 포괄적인 업무를 진행시킬 수 있는 타입을 원한다는 것이다.

그렇게 되기 위해서는 회사에 남아서 야근을 하는 것만으로는 안 된다. 거리를 걷고, 책을 읽으며, 파티나 모임에 적극적으로 참석할 필요가 있다. 쓸데 없고 무의미한 야근을 하고 있을 시간이 없다.

이 책의 목적은 '칼퇴근', 즉 퇴근시간에 정확히 퇴근할 수 있도록 업무를 효율화할 수 있는 시간관리술을 소개하는 것이다. 한 사람이 하루에 사용할 수 있는 발상력이나 집중력에는 한계가 있으니 그것을 어떻게 적절하게 배분하는가가 중요한데, 그에 대한 테크닉인 것이다.

회사에서의 하루를 어떻게 보낼 것인가? '멀티 탤런트형'으로 전향하기 위한 노력이 당신의 장래를 밝혀줄 것이라 믿는다.

간바 와타루

CONTENTS

Time｜01

칼퇴근 시간관리

Time｜02

시간은 나의 것

Time | 03

몸과 머리가 함께 하는 시간관리

Time | 04

머리로 하는 시간관리

Time | 05

슬럼프를 이기는 시간관리

'하루가 25시간이라면….'

'하루가 30시간이라면 얼마나 좋을까….'

누구나 위와 같은 생각을 해본 적이 있을 것이다.

Design 'One Minute'

Warming Up

당신은 당당하게 퇴근하고 있는가?

| 시간의 달인 마음가짐 |

시간도 한정된 자원이다! ●

몸으로 시간관리 기술을 익히자! ●

주말의 시간을 적극 활용하자! ●

칼퇴근으로 나를 업그레이드한다! ●

진짜 '칼퇴근'을 하고 싶다면 시간을 두세 배 효과적으로 사용할 수 있는 '시간관리 기술'을 배우고 익혀야 한다.

'시간관리 기술'은 시간을 압축시켜 최대한으로 활용하면서, 업무를 효율적으로 진행시키기 위한 테크닉이다. 또한 자투리 시간을 활용해 뭔가 의미 있는 일을 하기 위한 것이기도 하다. 바꿔 말해 '시간관리 노하우'라고 얘기할 수 있다.

만약 많은 시간이 주어진다 해도 뭔가 의미 있는 일을 하지 않고 그저 멍하니 앉아있기만 한다면, 그 시간은 아무 가치 없는 것으로 전락해 버린다. 극단적으로 말하면 시간을 그냥 보내기만 한 것이다. 곧 시간을 소유하지 못했다는 의미다.

물론 누구에게나 꼭 필요한 휴식시간마저 아무 가치 없는 것으로 치부할 생각은 없다. 휴식은 피로를 풀어주고 활력을 되찾아준다는 점에서 반드시 필요하다. 신체나 두뇌가 요구하는 만큼의 적절한 시간을 휴식에 투자해야만 한다.

여기서 말하고자 하는 것은 꼭 필요한 휴식 시간 이외에 자신에게 주어진 시간을 유용하게 보냄으로써 그 가치를 높여야 한다는 것이다. 실제로 5분, 10분과 같은 아주 짧은 시간이라도 잘만 활용하면 몇 배 이상의 효과를 거둘 수 있다. 그 테크닉이 바로 시간관리 기술이다.

여기서 시간을 철저하게 활용하는 구체적인 예로, 도요타의 칸반 시스템 Kanban system을 소개하고자 한다. 이 방식은 이미 50년 이상의 역사를 지닌, 지금은 모르는 사람이 없을 정도로 유명해졌다.

칸반 시스템은 낭비를 철저히 배제하기 위해 실시되어 온 그들만의 독특한 생산관리방식이며, 그 핵심이 바로 '저스트인타임Just In Time' 원칙이다.

이 도요타 방식에 도입된 '칸반Kanban' 이란, 다음 공정에 필요한 부품을 하청업체에게 알리는 지시표로서, 무엇을 언제, 얼마만큼 만들어서, 어디로 운반해야 하는지가 기록되어 있다. 하청업체는 이 지시표에 따라서 부품을 필요량만큼 만들어 납품하는 것이다.

예를 들면 자동차 한 대를 만들기 위해서는 약 2만 점의 부품이 필요하다.

그러므로 자동차 제조업체에게는 이 어마어마한 부품들을 얼마나 효율적으로 조립할 수 있는가가 가장 큰 변수로 떠오른다. 가장 적절한 시간에 가장 적당한 부품이 필요량만큼 도착하는 것이 무엇보다 중요하다는 뜻이다. 이것이 바로 저스트인타임이며, 이러한 방식으로 작업을 진행하면 과잉생산이 사라지고 재고도 최소화할 수 있다.

'필요할 때 필요한 양만큼 만든다' 라는 취지의 칸반 시스템은 세계적인 주목을 받았다. 물론 자동차 조립과 샐러리맨의 업무를 같은 잣대로 평가할 수는 없지만, 이 저스트인타임 방식은 낭비를 철저하게 배제하고자 하는 발상에 근거하고 있다.

시간을 효과적으로 활용하는 '시간관리 기술' 을 갖춰야 한다지만, 이것이 저절로 몸에 배는 것은 아니다. 자기 나름대로의 구체적인 노하우가 필요하고, 끈기 있게 실행해야만 비로소 얻을 수 있는 것이다.

구체적인 노하우에 대해서 제1부부터 자세히 설명하기에 앞서 우선 저스트인타임 방식에서 강조하는 것처럼 시간에 민감해지는 것 또 시간의 가치를 정확히 평가하는 것부터 시작하고자 한다.

시간도 한정된 자원이다!

오늘날 우리는 정보의 범람 속에 살고 있다. 기업에게나 개인에게 있어서 정보는 중요한 '경영자원'의 하나이다.

주어진 업무를 처리하기 위해서는 물론, 자신의 입장을 유리하게 만들고 그것을 출세로 연결시키기 위해서도 정보력은 큰 역할을 담당하는 경우가 많다. 더군다나 지금은 자기관리 능력이 엄격하게 요구되는 시대이기도 하다. 자기관리는 다른 말로 표현하면 '개인경영'이라고 할 수 있으며, 그런 의미에서도 정보력은 더욱 중요시되고 있다.

정보를 얻으면 그것을 분석한 후에 판단, 즉 평가를 내린다. 이렇듯 적절한 행동을 취함에 따라 일이 순조롭게 진행되기도 하고 인간관계가 술술 잘 풀리기도 한다. 이러한 일련의 행위를 능숙하게 조절하는 것도, 결국은 얼마나 유용하게 시간을 활용할 수 있는가에 달려 있다고 해도 과언이 아니다. 게다가 샐러리맨은 넘쳐나는 정보의 홍수 속에서 항상 일에 쫓기며 바쁜 하루하루를 보내고 있다. 그 만큼 시간을 철저하게 활용할 수 있는 시간관리 기술을 갈망하는 사람이 많다.

그런 사람들은 크게 두 가지 스타일로 나뉜다.

첫 번째, 일정한 시간 내에 모든 업무를 처리하고 싶어 하는 타입이다. 시간은 한정되어 있는데, 할 일이 산더미처럼 쌓여 있는 것이 싫기 때문이다.

두 번째, 시간을 잘 활용하여 업무를 효율적으로 진행시키고 싶어 하는 타입이다. 이들은 야근을 하는 대신, 퇴근 후 남은 시간에 취미를 살리거나 자신이 하고 싶은 일을 하며 사생활을 즐기려는 생활 스타일을 가진 사람들이다.

이것은 직업과 관련된 일 외에, 어떠한 자격증을 따기 위해서 공부하는 경우도 기본적으로는 마찬가지다. 시간을 효과적으로 활용한다면, 그만큼 자유로운 시간을 확보할 수 있으므로 뭔가 다른 일을 할 수 있다. 이렇듯 '칼퇴근'은 직장의 업무를 경시하는 데서 비롯된 행동이 아니라, 뭔가 다른 일을 할 수 있는 여유를 가지는 데 그 목적을 두고 있다.

실제로 유능한 사람일수록 주어진 많은 일을 소화해내는 동시에 자기만의 시간을 만들어 인생을 즐기고 있다. 그렇다고 해서 꾀를 내어 일을 게을리하는 것은 결코 아니다. 단지 '시간을 소중히 여기는 사고'와 '시간을 효율적으로 사용하는 태도'에 일관하고 있을 뿐이다. 이것이야말로 가장 적극적이고 진보적인 생활방식이다.

몸으로 시간관리 기술을 익히자!

'하루가 25시간이라면….'

'하루가 30시간이라면 얼마나 좋을까….'

누구나 위와 같은 생각을 해본 적이 있을 것이다.

이는 그 만큼 많은 사람들이 일에 쫓기고 있으며, 하고 싶은 일이 많다는 것을 느끼게 해주는 말이다. 하지만 유감스럽게도 하루는 24시간뿐이며 누구에게나 똑같다. 부자도, 가난한 사람도, 혹은 대기업 사장도, 갓 입사한 신입사원도, 하루 24시간이라는 명제 하에서는 모두 평등하다.

이것은 어떻게 보면 참으로 다행한 일이다. 이 세상은 불공평으로 가득차 있다. 똑같이 노력한 것 같은데도 어디선가 차이가 발생한다. 태어나면서부터 머리가 좋은 사람, 외모가 뛰어난 사람, 어쩌다 부자 부모를 만나서 유복하게 생활하는 사람, 생각해 보면 이 세상은 너무나도 불공평하다.

하지만 하루, 24시간은 모든 사람에게 공평하게 주어진다. 따라서 결국 모두에게 똑같이 주어진 시간을 어떻게 사용하는가에 성공과 실패가 달려있다.

요즘 "내가 원하는 대로 인생을 즐기고 싶다"든지 "보람을 느끼는 일을 하고 싶다"고 말하는 사람이 많다. 즉 어떻게 자기실현을 이루어 가는가가 인생의 커다란 과제가 되고 있다. 그렇다면 하고 싶은 것도 많고 해야할 것도 많은데 한정된 시간을 어떻게 나누어 써야 하느냐가 관건이다.

벤자민 프랭클린Benjamin Franklin의 '시간은 돈이다'라고 말했다. 시간은 소중한 것으로서 허무하게 낭비해서는 안 된다는 말이겠지만, 더욱 넓게 생각하면 '누구나가 똑같이 갖고 있는 시간을 당신은 얼마나 유용하게 사용했는가?'라는 의미로도 해석된다.

오늘 하루를 어떻게 보낼 것인가? 아니면 이번 주는, 이번 달은, 올해는, 그리고 일생을 어떻게 보낼 것인가? 자신만의 구체적인 목표가 있다면 이렇게 세분화된 시간을 효과적으로 사용함으로써 후회 없는 일생을 보낼 수 있을 것이다. 하지만 그냥 아무 생각 없이 하루하루를 보낸다면 시간낭비만을 거듭할 뿐 아무런 결과물 없는 인생으로 끝나버리기 십상이다. 머리로만 생각한다고 해서 시간을 효과적으로 사용할 수 있는 것은 아니다. 몸으로 배워서 습관화시켜야 한다.

옛날 장인들은 스승에게 '몸으로 배워라'라는 말을 들으며 훈련받았다고 한다. 머리로 이리저리 생각하기보다 우선 몸이나 손이 먼저 움직여야 주어진 작업을 막힘없이 완수할 수 있게 된다는 뜻이다. '시간 단축법'을 몸으로 구사하였기 때문에 얻을 수 있는 결과이다.

오랜 시간을 들여 고민했는데도 막상 좋은 아이디어가 떠오르지 않아 아무런 소득을 얻지 못한 경험이 있는가? 이리저리 머리를 굴리기만 하고 손과 몸을 움직이지 않은 채 시간만 낭비해버린다면 결국 어떠한 것도 얻을 수 없다.

장인이 시간활용법과 물건을 만드는 기술을 몸으로 익혔듯이, 시간관리 기술을 몸으로 배우는 것이야말로 무엇보다 중요하다.

주말의 시간을 적극 활용하자!

지금 기업이 원하는 인재는 회사에 모든 것을 거는 맹목적인 인간이 아니다. 주어진 일을 완벽하게 처리하면서도, 그 외에 자신만의 인생을 설계해 가는 멀티형 인간이다. 그 만큼 폭넓은 인간적 소양이 요구되고 있다. 여기서 말하는 폭넓은 인간적 소양은 야근을 하면서는 절대 얻을 수 없다.

요즘 사람들의 관심사는 '어떻게 해야 여유있는 생활을 할 것인가' 이다. 단순히 많은 일을 해낸다는 것만으로는 안 된다. 주어진 업무를 처리한 다음, 더욱 깊은 지적 호기심을 충족시키거나 생활을 즐기고자 하는 폭넓은 삶을 현대인들은 요구하고 있다.

다음의 가와무라 씨가 실행한 시간의 효과적 활용법은 이 점에서 중요한 힌트를 제공하고 있다.

미쓰비시 상사 반도체 사업부장인 가와무라 미키오 씨는 54세의 나이로 『셜록 홈즈의 이력서』라는 책을 집필하여 일본 에세이스트 클럽상을 수상했다. 그의 소식은 일본의 신문에서도 떠들썩하게 소개된 적이 있다.

직책만 봐도 회사에서의 업무가 상당할 것 같은데 그런 바쁜 와중에도 책을 출판했다니 정말 대단하지 않은가? 더구나 상을 받을 만큼 우수한 작품이라니 더더욱 감탄할 만하다. 그는 집필 중에도 업무를 게을리 하지 않고 상당히 빡빡한 스케줄을 소화해냈다고 한다.

그는 도대체 시간을 어떻게 활용했을까? 많은 비즈니스맨에게 참고가 될 수 있는 실례이므로 여기서 잠깐 언급하고자 한다.

가와무라 씨는 수년 전 미쓰비시 상사의 런던 지점에서 근무했을 당시, 한 가지 생각을 했다고 한다. '주재원이라면 본업인 비즈니스 외에도 그 나라의 문화나 예술, 역사를 공부하여 자국과의 가교 역할을 하는 것이 중요하지 않을까?' 그는 생각 끝에 셜록 홈즈에 대해 연구하기 시작했다.

셜록 홈즈에 대해서는 따로 설명할 필요도 없겠지만, 코난 도일의 소설 속 주인공으로서 합리적이고 과학적인 추리로 난해한 사건을 척척 해결하는 명탐정이다. 시대적 배경은 19세기 후반, 빅토리아 시대이다.

가와무라 씨의 업무는 상당히 바쁘고 까다로웠지만, 그런 중에서도 그는 주말이 되면 소설의 배경이 된 장소를 열심히 돌아보았다.

그는 1986년 귀국해 현재의 반도체 부장 자리에 올랐고, 이때부터 집필에 착수했다. 그러나 아침 7시에 집을 나서서 회사에 도착하면 산더미 같은 업무가 기다리고 있었고, 회의나 접대도 많았다. 직책상 시간이 되었다고 해서 잽싸게 퇴근할 수도 없는 노릇이니 항상 집에 돌아가면 밤 11시. 그러니 평일에 따로 시간을 낸다는 것은 거의 불가능했다.

그래서 가와무라 씨는 독자적인 '주말 활용법'을 고안하여, 주말에만 집중적으로 집필에 몰두했다.

그가 고안한 주말 활용법이란 별다른 것이 아니다. 그저 토요일과 일요일에 각각 2시간 씩, 총 4시간을 집필에 투자하는 것이었다. 하지만 그런 생활을 오랫동안 지속할 수 있었다는 점이 특별했다.

일주일에 고작 4시간이지만 한 달이면 적어도 15시간이 되는 셈이다. 1년이면 180시간, 3년이면 540시간이 된다. 가와무라 씨는 "이 정도 시간만 투자해도 훌륭한 전문가로서 인정받을 수 있습니다. 만약 하루에 2시간을 내기 어렵다면, 그 일을 좋아하지 않기 때문이라고밖에 볼 수 없죠"라고 말한 적이 있다. 좋아하는 일이기 때문에 계속할 수 있다는 말에는 누구나 공감할 것이다.

주말의 몇 시간을 투자하여 어떠한 목적 아래 지속적으로 노력한다면, 500시간으로 그 방면의 전문가가 될 수 있다. 이 방법은 누구라도 응용할 수 있으며, 가와무라 씨는 이를 실제로 증명해 보인 셈이다.

칼퇴근으로 나를 업그레이드한다!

직장인은 하루 중 일정 시간 동안 회사로부터 구속을 받는다. 회사로 출퇴근하고 회사 책상에 앉아 일을 해야만 월급을 받을 수 있다. 외근도 내근과 다를 바 없이 몇 시간을 회사에 소속된 채 일을 해야만 하는 것이다. 이는 바로 샐러리맨의 숙명이다.

하지만 실제로 그 구속된 시간 안에 모든 업무를 처리할 수 있는 것은 아니다. 회의나 프레젠테이션처럼 일정한 시간 내에 끝나는 일도 있지만, 관리직이나 기획담당자, 혹은 카피라이터나 디자이너처럼 항상 좋은 아이디어를 생각해내야 하는 사람들은 도저히 제한된 시간 내에 일을 끝낼 수 없다.

책상 앞에 앉아 "자, 지금부터 한 번 생각해 볼까?"라고 한다고 해서 곧바로 좋은 아이디어가 떠오를까? 그런 일은 거의 없다. 물론 어떤 아이디어를 문서화하거나 서류로 만드는 작업은 생각만 정리된 상태라면 빠른 시간 내에 해낼 수 있다.

하지만 그 아이디어가 떠오르기까지는 많은 시간과 노력이 필요하다. 즉 항상 문제의식을 가지고 자신의 두뇌로 끊임없이 생각해온 것, 바로 그것이 어떠한 계기를 통해 정리되어 기획서로 탄생되는 것이다.

그렇게 생각하면 샐러리맨들은 회사에 시간을 팔아서 돈을 받고 있는 것처럼 보이지만, 사실은 많든 적든 자신의 두뇌를 팔아서 월급을 받고 있다고 말하는 것이 훨씬 타당성이 있다.

그것도 한 시간 당 얼마라고 규정할 수 있는 것이 아니다. 시간으로는 도저히 계산할 수 없다. 자신의 아이디어를 정리한 기획서나 보고서가 일정한 시간 내에 작성되었다고 해도, 그것은 평상시의 생각 속에서 탄생한 것이기 때문이다. 그렇다면 평상시의 시간관리 기술은 더욱 중요해진다.

예를 들어 회의에서 기획을 제안해야 하는 그 전날 밤, 대학시절의 친구들과 술을 마시면서 이야기를 나누던 중 갑자기 아이디어가 떠올랐다면 지체하지 말고 메모지와 필기구를 꺼내자.

또한 퇴근 후 가족과 저녁식사를 마치고 TV를 보던 중 아이디어가 떠오를 수도 있다. 그럴 때도 물론이다. 사실 이 정도는 누구라도 무의식중에 하고 있는 일일 것이다.

일을 효과적으로 진행하기 위해서는 공과 사를 철저히 구별하는 것도 하나의 방법이 될 수 있다. 그러나 앞서 말한 바와 같이 인간의 두뇌란 일하는 장소나 시간에 관계없이 작동하는 법이다. 그렇다면 비즈니스 시간과 사적인 시간을 구별해서 생각한다는 것은 아무런 의미가 없어진다.

하지만 샐러리맨이 자기 멋대로 근무시간을 바꿀 수는 없다. 자유 근무시간제가 도입된 곳이거나 재택근무라면 다르겠지만, 일반적으로는 회사의 방침에 따라 정해진 시간에 출근해야 한다. 여기서 중요한 점은 회사의 스케줄과는 별도로 자신만의 스케줄을 짜야 한다는 것이다.

자신의 두뇌를 어떻게 사용하는지가 가장 중요하므로, 자신의 두뇌 활동에 맞춰 시간을 배분하고 항상 준비하는 자세를 유지해야 한다. 그리고 자신의 두뇌가 가장 효율적으로 활동하는 리듬을 파악하여 그 리듬에 따라 맞춰가야 한다. 물론 이것을 어떻게 근무시간과 적절히 조화를 이루게 하는가가 무엇보다 중요하다.

　이러한 자신만의 뇌 활동 스케줄을 짜는 법이나 두뇌를 활성화시키는 방법에 대해서는 이후에 더욱 자세히 설명하겠지만, 여기서는 일단 시간 관리 기술이 우리 생활에 꼭 필요하며 마음만 먹으면 누구라도 배울 수 있다는 점을 이해했으면 한다.

　'칼퇴근'의 궁극적 목표는 고된 업무를 회피하는 것이 아니다. '일은 일, 플러스알파는 플러스알파'라고 명확하게 구별함으로써 자신을 업그레이드시키는 것이다. 독서를 하거나 누군가를 만나거나 가족과 함께 지내면서 보낸 시간은, 언젠가 반드시 비즈니스에도 응용될 수 있다.

- 문득 시간을 그냥 흘려보내고 있다는 느낌을 받으면, 얼른 자세를 고쳐 앉고 나의 스케줄과 일간계획표를 점검하자!
- 내가 해야 할 일과 하고 싶은 일을 구분하자!
- 내 생활스타일과 습관, 나쁜 버릇 등을 반성해보고 빠른 시일 내에 개선점을 찾자!
- 다만 10분이라도 의미 있는 시간으로 만들자!

가라, 달려라,

그리고 세계가 6일 동안에 만들어졌음을 잊지 말라.

그대는 그대가 원하는 것은 무엇이든지 나에게 청구할 수 있지만

시간만은 안된다.

– 나폴레옹 –

누구에게나 똑같이 주어진 24시간이지만

그 시간을 어떻게 활용하느냐에 따라

성공과 실패가 달려 있다.

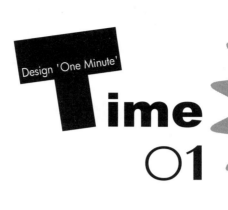

Design 'One Minute'

Time 01

칼퇴근 시간관리

| 시간의 달인 기본자세 |

티끌 같은 1분, 모으면 365일

시간 관리라고는 하지만 처음부터 하루 24시간 전체를 완벽하게 관리하려고 욕심 부릴 필요는 없다. 그것이 가능하다면 그보다 이상적인 것은 없겠지만, 오랫동안 지속하는 것이 더욱 중요하므로 처음에는 귀퉁이 시간을 효율적으로 사용하는 것부터 시작하는 것이 좋다.

조금만 생각해 보아도 알 수 있듯이 우리는 매일같이 아주 짧은 귀퉁이 시간을 낭비하면서 살고 있다. 차를 타고 이동하는 시간, 다른 사람을 기다리는 시간, 병원 대기실에서 기다리는 시간 등 우리가 무심코 버리고 있는 시간은 생각 외로 많다.

'나는 이런 귀퉁이 시간들을 어떻게 사용하고 있는가?' 를 먼저 뒤돌아보자.

"그런 짧은 시간으로 어떤 일을 한다는 것은 무리다"라고 말하는 사람도 있다. 그러나 이것은 터무니없는 생각이다. 10분, 15분간의 있으나 마나 한 짧은 시간이라도, 잘 활용하기만 하면 다이아몬드와 같은 시간으로 바뀔 수 있다.

영국의 작가인 아놀드 베넷Arnold Bennett도 "만약 귀퉁이 시간을 효율적으로 쓸 수만 있다면, 하루를 두 배로 활용할 수 있을 것이다"라며 귀퉁이 시간의 소중함을 강조했다.

이 귀퉁이 시간이란 '하루는 여행용 가방과도 같다' 라는 발상에서 탄생했다. 가방에 짐을 넣을 때, 우선 네 귀퉁이와 가장자리를 빈틈없이 채우고 나서 가운데에 짐을 넣으면 더욱 많은 짐이 들어간다는 이치와 마찬가지라는 뜻이다.

이처럼 방법만 터득한다면, 하루라는 가방 속에 두 배의 일을 채울 수가 있다. 가운데부터 채워나가면 아무래도 귀퉁이 부분에 빈틈이 생기기 마련이다. 그러므로 귀퉁이를 잘 활용해야 한다.

즉 귀퉁이 시간이란 가방의 빈틈과도 같은 짧고 작은 시간들이다. 이것을 얼마나 효과적으로 활용할 것인가? 이것이 바로 '칼퇴근 시간관리 기술' 의 가장 핵심적 요건이다.

피뢰침 발명으로 유명한 미국의 B. 프랭클린이 "1분의 가치를 모르는 사람은 인생의 가치를 모르는 것과 같다"라고 말한 적이 있다. 단 1분이라도 시간의 귀중함은 변하지 않는다는 뜻이다.

　매일 아무 생각 없이 낭비해 버리는 귀퉁이 시간을 활용하는 것만으로, 자신도 모르는 사이에 커다란 차이가 생길 수 있다는 사실을 결코 잊어서는 안 된다.

- 1분 동안 할 수 있는 일이 무엇인가 생각해보자. 손 씻기, 점심메뉴 생각하기, 책상 중간 정리, 등 찾아볼수록 늘어난다.
- 일하는 스타일에서 1분을 의미 있게 활용할 방법을 생각해보자. 프린트기가 화장실 가는 길에 있다면 화장실을 갈 때 문서를 프린트하자. 프린트기 앞에서의 헛된 1분을 내 시간으로 만들 수 있다.

Design 'One Minute'

1분을 잘 활용하는 시간의 달인

적극적인 자세로 다양한 활동을 하는 사람을 보고 "어쩌면 저렇게 여러 가지 능력을 가질 수 있을까?", "같은 24시간인데, 유독 저 사람만 여러 가지 일을 처리하는 비결이 무엇인가?"라고 신기하게 생각하는 사람들이 있다.

그 중에는 "재능이 있으니까 그렇겠지" 혹은 "두뇌 구조가 다를 거야"라고 말하면서, "나는 도저히 불가능해"하고 포기해 버리는 사람도 있을 것이다.

분명히 재능이나 두뇌와 관련이 있을지도 모른다. 하지만 다양한 활동을 하는 사람은 거의 대부분이 노력가이며, 시간활용에 능숙하다는 것을 알 수 있다. 자기 자신을 향해 '시간만은 절대로 낭비하지 않겠다'

라고 다짐하면서 시간활용법을 이리저리 궁리하여 노력하기 때문에 다양한 활동이 가능한 것이다. 그러므로 시간을 잘 활용하고 노력하면, 누구라도 어느 정도의 수준에는 도달할 수 있다.

앞서 말한 바와 같이 귀퉁이 시간을 대수롭지 않게 여기기 때문에 생각했던 것의 몇 분의 일밖에 못하는 것이다.

사람들은 대부분 많은 시간을 투자해 집중해서 일하면 어느 정도 목적을 달성할 수 있을 것이라고 생각한다. 그러나 문제는 귀퉁이 시간이다. 이 시간을 어떻게 활용하는가에 따라 큰 차이가 발생하는 것이다.

하루 동안 자신의 행동을 주의 깊게 체크해 보자. 아무 것도 하지 않고 보내는 시간이 의외로 많다는 사실에 놀랄 것이다. 또한 그 시간들을 아무 거리낌 없이 낭비해 왔다는 사실을 깨닫게 될 것이다. 만약 이 사실을 깨닫지 못한다면 그 시간들은 애초에 없었던 것과 같다.

하루 동안 그런 자투리 시간을 모두 합쳐 1시간 정도라고 하자. 그렇다면 그 사람의 하루는 23시간뿐이다.

그런 자투리 시간을 낭비해 왔다는 사실에 전혀 개의치 않는 사람도 있다. 이들은 그런 시간에 멍하니 담배를 피우거나, 아니면 꾸벅꾸벅 졸기도 한다. 그렇지만 자신의 이런 행동에 전혀 문제의식을 느끼지 못한다. 시간을 어떻게 보내는가는 개인의 자유이므로 이러쿵저러쿵 너무 장황하게 늘어놓으면 거부감을 느끼는 사람도 있을 것이다.

한편 낙천적 성격 때문인지 "기껏해야 10분, 20분이 아닌가?"라거나 "1

시간 정도는 괜찮겠지. 내일 만회하면 되잖아?"라고 태연하게 말하는 사람도 적지 않다.

그러나 이런 생각을 하며 사는 사람과 1, 2분의 짧은 자투리 시간이라도 아끼며 뭔가 의미 있는 일을 하는 사람과는 시간이 지날수록 점점 더 큰 차이가 생기기 마련이다.

'물론 차이는 생기겠지만 사람마다 생활방식이 다르니까' 라고 반박한다면 뭐라고 말할 수는 없다. 하지만 역시 삶을 알차게 보내고 싶거나 목표를 실현시키길 원한다면 그러한 자투리 시간의 활용이 상당한 효과를 발휘한다는 것을 알아야 한다.

1달, 2달, 그리고 1년, 2년이 모이면, 생각한 것 이상으로 큰 효과를 얻었다는 사실에 "야호!"하고 탄성을 지르게 될 것이 틀림없다.

• 다른 사람의 24시간을 탐하지 말래 모든 사람에게는 똑같이 하루 24시간이 주어졌다.

황금 같은 1분, 후회 없는 인생

"**단** 1분도 쉴 만한 여유가 없을 때가 나는 가장 행복하다. 일하는 것만이 나의 행복이다."

이렇게 말한 사람은 다름 아닌 프랑스의 곤충학자 파브르이다. 파브르는 프랑스의 가난한 농부의 아들로 태어났지만 대단한 노력가로 성장했고, 소년시절에 곤충에 관심을 가지면서부터는 잠깐의 여유라도 생기면 곤충을 연구하곤 했다.

어른이 된 파브르는 시골 학교의 교사로 일하면서도 곤충의 생태연구를 부지런히 했다. 그 유명한 『곤충기』도 교사를 그만둔 뒤 약 30년간이라는 세월을 들여 완성했다고 하니, 그 끈기에 경의를 표할만하다.

이러한 파브르이기 때문에 일하는 시간만이 자신의 행복이라는 말을 남길 수 있었을 것이다. '천재란 노력의 별명이다' 라는 말이 있듯이 파브르는 그만큼 열심히 노력했던 것이다.

누구에게나 똑같이 주어진 24시간이지만 그 시간을 어떻게 활용하느냐에 따라 성공과 실패가 달려 있다. 파브르의 예에서도 알 수 있듯이, 하루하루를 유용하게 사용하는 사람만이 훌륭한 업적을 남기고 인생을 성공적으로 마칠 수 있다. 물론 아무나 파브르처럼 될 수 있는 것은 아니다. 하지만 그처럼 1분이라는 짧은 시간도 소중히 여기는 자세는 누구라도 본받을 수 있다.

이러한 파브르의 사고방식을 적극적으로 본받아 시간을 효과적으로 사용하면, 나름대로 훌륭한 일을 성취하면서 후회 없는 인생을 살 수 있을 것이다. 하루 24시간을 몇 배로 활용하기 위해서는 파브르의 시간감각에서 많은 것을 배워야 한다.

• 몸과 마음과 머리, 모두 시간의 달인이 되어야 한다. 머리로 생각하고, 몸으로 실천하며, 마음으로 시간을 음미하자!

나의 하루, 72시간

일본에도 시간을 잘 활용하여 이름을 떨친 인물은 많다.

영화로도 제작된 바 있는 『무희舞姬』의 작가, 모리 오가이森鷗外씨도 그 중한 사람이다. 그는 메이지시대 최고의 문호로서 유명하지만, 도쿄대학 의학부를 졸업한 다음 군의관이 되어 독일로 유학을 떠난 후, 육군 군의로서 최고위직인 총감까지 지낸 인물이다. 그 외에도 제실박물관(국립박물관의 구칭)장, 제국미술원(일본예술원의 구칭)장 등 폭넓은 활동을 펼쳤으며, 한국에서도 꽤 알려진 인물이다.

그는 소설 『무희舞姬』를 비롯하여 『비타섹슈얼리스ヰタ セクスアリス』, 『청년靑年』, 『기러기雁』, 『아베일족阿部一族』, 번역서인 『즉흥시인卽興詩人』, 시문집『미

나와슈水沫集』, 희곡 『이쿠타가와生田川』를 집필하는 등 문예활동에도 탁월한 재능을 보였다.

다른 분야에서 일하면서 어떻게 이렇게 많은 작품을 남길 수 있었을까? 그것은 그가 상당한 노력가였고, 수면시간까지 줄여가면서 일상생활 속의 시간을 되도록 압축하여 활용했기 때문이었다.

예를 들어 그의 식사 시간은 거의 15분 이내였다고 한다. 그는 공부할 때도 시간을 철저하게 관리하며 최대한으로 활용하였는데, 이에 관련된 유명한 에피소드가 있다.

매일 저녁 식사 전에 독일 철학에 대한 개인강습을 한 적이 있다고 한다. 단지 가르치는 것으로 끝나지 않고, 강습이 끝난 뒤에는 다시 자리를 바꿔 그 사람에게서 유식론唯識論 강의를 들었다고 한다. 그만큼 시간을 의미 있게 사용했던 것이다. 그리고 빠른 시간 내에 저녁 식사를 마치고, 프랑스어 강의를 듣기 위해 선교사를 찾았다.

이처럼 그는 철저하게 시간을 활용하여 무의미한 시간을 없앴다.

요즘 회사 업무 이외에도 뭔가를 연구하거나 조사하는 등 직업과 관계 없는 일을 하는 사람이 점점 늘어나고 있는데, 그런 사람은 시간관리 기술을 터득했다고 볼 수 있다.

오로지 회사의 일상적 업무에만 매몰되어 버리면 시간감각까지 둔해지기 마련이다.

회사 업무 외에 다른 무언가를 하라고 강요하는 것은 아니다. 하지만 자신만의 시간관리 기술을 터득하지 못하면 회사 업무도 효율적으로 진행시킬 수 없다는 것만은 분명하다.

모리 오가이와 같은 시간관리 기술이 몸에 배이면, 어떤 일을 하더라도 시간을 유용하게 사용할 수 있으며 일의 진행속도도 빨라질 것이다.

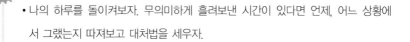

• 나의 하루를 돌이켜보자. 무의미하게 흘려보낸 시간이 있다면 언제, 어느 상황에서 그랬는지 따져보고 대처법을 세우자.

초조할수록 시간은 더 빠르다!

현대인은 바쁘다. 그렇기 때문인지 성격
마저 급해지는 것 같다. 전철을 5분 이상 기다리고 있자면 슬슬 짜증이 나
기 시작하는 것이 일반적이다. 그 뿐만 아니라 신호등이라면 40초, 엘리
베이터라면 20초를 넘어서는 순간, 사람들은 서서히 초조함을 느끼게 된
다고 한다.

실제로 사람들이 그렇게 바쁜가 하면, 또 그렇지도 않다. 달리 바쁜 일
이 없는데도 초조함을 느끼는 이유는 심리적인 조급함에 휘둘리고 있기
때문이다.

엘리베이터를 기다리는 시간 동안 누구나 느끼게 되는 초조함을 해소하
기 위해, 이리저리 방법을 궁리하였다는 이야기는 익히 잘 알려져 있다.

기다리는 시간을 줄이려면 엘리베이터 수를 늘리면 되지 않느냐고 쉽게 생각하는 사람이 있을지도 모르지만, 비용을 생각하면 그렇게 간단한 일만은 아니다. 게다가 시간대에 관계없이 항상 많은 사람들이 기다리고 있는 것도 아니므로, 어떨 때는 작동하지 않고 가만히 서 있는 엘리베이터 수를 늘린다는 것은 그리 효율적인 방법이 아니다.

그래서 고안해낸 방법이 바로 엘리베이터 옆에 거울을 설치하는 것이었다. 사람들이 기다리는 동안 자신의 모습을 거울에 비춰보면 지루함을 덜 느끼지 않을까 하는 생각이었던 것이다. 실제로 거울을 설치한 후 조금 오랜 시간을 엘리베이터 앞에서 기다리더라도 초조함을 느끼지 않는 사람이 많아졌다고 한다. 그래서 현재 많은 엘리베이터 옆에 거울을 설치하거나 벽에 금속판을 부착해 놓은 것이다. 이 에피소드만을 보더라도 현대인들이 얼마나 심리적으로 조급함을 느끼고 있는지 알 수 있지 않은가?

실제로 업무를 진행하면서도 생각지 못한 난관에 부딪혀 쩔쩔매는 경우가 더러 있다. 좀처럼 진도가 나가지 않아서 초조함을 느낄 때도 있다. 그럴 때일수록 오히려 조급하게 서두르지 말고, 느긋하게 생각하는 것이 중요하다. 심리적으로 안달이 나면 더더욱 일이 잘 풀리지 않기 때문이다.

따라서 마음에 여유를 가지지 못하는 사람은 애당초 시간을 세 배로 활용한다는 것 자체가 불가능하다고 밖에 말할 수 없다.

여기서 필요한 것은 마음의 평정을 되찾는 일이다. 앞서 언급한 엘리베이터에 관한 에피소드에서도 알 수 있듯이, 똑같은 시간인데도 심리적으로 길게 느껴질 때도 있고 짧게 느껴질 때도 있다. 결국 시간감각이라는 것은 본인의 마음 상태에 따라 변화하는 것이다.

이 현상은 시간 활용법에도 그대로 반영된다. 초조해 하거나 안달복달하고 있으면 그만큼 시간을 낭비하고 있는 것과 마찬가지인 셈이다. 반대로 마음의 평정을 유지하면서 때때로 활기를 발산할 수만 있다면 똑같은 시간을 세 배로 충실하게 사용할 수 있다.

- 초조해한다고 해서 그 일이 빨리 이루어지지 않는다. 내 선에서 해결될 일이 아니라면 초조해할 시간에 다른 일을 하자!

생리적 리듬과 시간 리듬

인간에게는 생리적인 리듬이 존재하고 조건반사와 같은 현상도 일어난다. 아침이 되면 잠에서 깨어나고, 일정한 시간이 되면 배고픔을 느끼며 뭔가를 먹고 싶어진다. 이 현상은 단순한 습관이 아니라 오랜 세월에 걸쳐 인간의 신체에 각인된 생리적 리듬이다. 이를 알아 두면 시간을 두세 배로 활용할 수 있으며 낭비되는 시간도 줄일 수 있다.

예를 들면 수면을 충분히 취한 다음 날 아침에는 두뇌 회전도 빠르다. 따라서 뭔가를 깊이 생각해야 하거나 집중력이 필요한 일은 오전 중에 하는 편이 좋다. 까다로운 교섭이나 협상을 오전 중으로 계획하는 것도 효과를 높일 수 있는 방법이다.

그 반대로 두뇌를 그다지 사용하지 않는 일, 예를 들면 간단한 미팅이나 사람을 만나는 시간은 오후로 예정하는 것이 좋다. 이것은 하나의 예에 불과하지만, 이처럼 생리적 리듬에 하루 동안의 활동을 맞추도록 노력하면 시간을 효과적으로 사용할 수 있다.

그러나 회사에 소속된 비즈니스맨들은 생리적 리듬을 우선시할 수 있는 형편이 아니다. 피로에 지친 오후 늦은 시간에 중요한 업무를 처리해야만 하는 경우도 생기기 때문이다. 이렇게 되면 생리적 리듬과는 반대로 일을 하는 격이 된다. 그렇다면 이러한 생리적 리듬에 영향을 받지 않고 시간을 절약하면서 효율성 있게 일하기 위해서는 어떻게 하면 좋은가?

언제, 어디서나 업무 구상을 할 수만 있다면 이것만큼 시간을 유용하게 활용할 수 있는 방법은 없을 것이다. 지극히 단순한 방법이긴 하지만, 항상 종이와 볼펜을 들고 다니면서 갑자기 떠오른 아이디어를 메모하는 것이다. 이런 훈련을 거듭하다 보면 생리적 리듬에 영향을 받지 않고 여러 가지 구상을 할 수 있게 된다.

또 하나 생리적 리듬의 영향에서 벗어날 수 있는 방법은 습관을 바꿔보는 것이다. 그렇다고 해서 비즈니스맨이 낮과 밤을 바꿔서 생활할 수는 없다. 그런 습관을 말하는 것이 아니라 출퇴근 코스를 바꿔보는 것 등의 방법을 말하는 것이다. 역까지 10분 정도를 걸어야 한다면, 여느 때와는 다른 길을 걸어 본다. 혹은 가끔은 한 코스 전에 내려서 회사까지 걸어보기도 한다. 5분, 10분 정도의 차이라면, 이런 간단한 방법도 상당히 효과적일 수 있다.

이 방법을 오히려 시간 낭비라고 생각하는 사람이 있을지도 모르지만 사실은 그렇지 않다. 습관을 바꾸고 생리적인 리듬에 영향을 받지 않는 것이 목적이므로 그 가치는 충분하다. 게다가 매일 접하는 풍경과는 또 다른 환경 속에서 신선함을 느낄 수 있으며, 두뇌도 새로운 자극을 받아 활성화될 것이다.

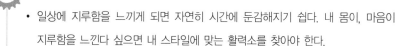

- 일상에 지루함을 느끼게 되면 자연히 시간에 둔감해지기 쉽다. 내 몸이, 마음이 지루함을 느낀다 싶으면 내 스타일에 맞는 활력소를 찾아야 한다.

첫 단추를 찾아라!

조금 복잡한 업무를 진행하거나 기획을 구상해야 할 경우, 가장 중요한 것이 바로 '첫 단추'이다.

상당히 복잡한 일인데도 전체적인 구조가 한눈에 보이거나, 한 가지 아이디어가 연상적으로 전개되어 훌륭한 기획으로 완성되는 것은 첫 단추를 잘 선택했기 때문이다.

반대로 첫 단추가 잘못 채워졌다면 일을 진행하는 방법이 아무리 철저하더라도 그것을 정상적으로 마무리할 수 없다. 결국 어려움에 처할 가능성이 커진다. 윗옷의 단추를 하나하나 채워가는 과정을 생각하면 쉽게 이해되리라 생각한다.

첫 단추가 잘못 채워졌다면 업무가 순조롭게 진행되지 않을 뿐만 아니라 처음부터 다시 시작해야만 하는 경우도 생길 수 있으므로 시간적 손실이 막대하다. 그렇기 때문에 첫 단추 선택을 이렇게 강조하는 것이다.

예를 들어 편의점을 창업한다고 가정해 보자. 지나가던 행인들이 마음 편하게 들어갈 수 있는 분위기를 고려하면서 세련된 인테리어로 장식한다. 매장에 구비할 상품 목록으로는 젊은이들이 선호하는 것을 중심으로 약간의 변화를 준다. 그런데 이처럼 아무리 훌륭하고 멋진 계획을 세우더라도, 그 주변이 젊은이들의 왕래가 뜸한 곳이라면 실패로 끝나게 될 가능성이 높다.

이때의 첫 단추는 바로 장소이다. 가게 분위기나 상품 목록, 그리고 점원의 접객 매너는 그 어느 것도 빼놓을 수 없는 중요한 요소임에는 틀림없다. 그러나 그 이상으로 중요한 것이 바로 장소 선택으로, 여기에서 그르치면 좋은 결과를 기대하기 어렵다. 아무리 노력하더라도 첫 단추를 잘못 채웠다면 결국 실패하고 마는 것이다.

마찬가지로 비즈니스맨의 업무에서도 첫 단추가 중요하다. 시간을 효과적으로 활용하길 원한다면 더욱 그러하다. 여기서 말하는 첫 번째 단추는 그 일의 실마리, 혹은 키포인트라고 해도 좋다. 그것을 얼마나 빨리 발견하는가가 관건이다.

만약 혼자의 힘으로 어렵다고 생각된다면, 비슷한 일을 한 적이 있는 경험자나 상사에게 의견을 묻고 조언을 구하는 것도 좋은 방법이다. 물론 일상적인 업무라면 누군가에게 의논하지 않더라도 첫 단추를 쉽게 발견할 수 있다.

한편 어떠한 일에 대해서든 첫 단추를 잘 찾아내는 사람은 융통성 없이 성실하기만 한 사람보다는 어느 정도 융통성이 있으며 폭넓은 사고방식의 소유자일 가능성이 높다. 그런 사람은 임기응변의 재능을 갖추고 있기 때문에 첫 단추도 쉽게 발견한다.

- 정말 하기 싫은 일도 첫 단추만 잘 고르면 시작할 마음이 생기게 된다. 현재 해결되지 못한 일들 중에는 첫 단추를 고르지 못해 미뤄둔 일이 많을 것이다. 해결 못한 일은 리스트를 만들어 각각 첫 단추가 무엇인지 고민해봐야 한다.

시간의 달인, 칼퇴근하다!

새해를 맞을 때마다 직장인들은 '올해만큼은 아무리 시간이 없어도 이것 하나는 꼭 이루겠다'며 포부를 밝히곤 한다. 그런데 막상 야근을 하거나 업무상 술자리를 가지다보면 학원에 수강을 하고도 일주일에 하루 가기가 어렵고, 자신의 상황과 환경에 맞춰 계발하기란 쉬운 일이 아님을 깨닫게 된다. 어쩔 수 없는 일인가? 아니다. 누구나 할 수 있는 말이겠지만 '자기 하기 나름'이다.

먼저 '시간이 없어도 이것은 꼭 이룬다'라는 말은 비현실적이다. 시간이 없는데 어떻게 이루겠다는 말인가? '시간이 없어도~'가 아니라 정말로 이루고 싶다면 그 일에 할애할 시간을 확보해야 한다. 그러면서도 직장인이라는 자신의 본분을 잊어버리면 안 된다. 결론은 직장일은 일대로, 개인적인 계발은 계발대로 이루어지려면 그만큼 시간을 쪼개 써야 한다는 말씀!

◉ **맞춤형 시간표** : 학생들만 수업시간표가 필요한 것이 아니다. 사회에 나와서는 더더욱 구체적인 시간표가 필요하다. 직장에서의 시간표와 집에서의 시간표로 나누고 갑자기 생길 변수까지 감안하여 시간표를 만드는 것이 좋다. 대략적인 일주일 시간표와 그날그날 계획하는 일일 시간표로 분리하면 더 좋다.

◉ **환경 조성** : 시간과 공간의 제약을 최대한 줄이자. 퇴근 후 약속이 많은 사람이거나, 주말에 정해져 있는 스케줄이 있는 사람이라면 계획했던 자기계발을 실천하지 못하는 경우가 대부분이다. 차라리 점심시간을 쪼개어 온라인 강의를 듣는 방향으로 계획을 세워야 한다.

Design 'One Minute'

자신만의 능률시간대

業務를 무조건 빨리 처리하고, 주어진 시
간에 열심히 하면, 시간 활용을 잘 할 수 있다고 생각하는 사람들이 많은
것 같다. 그러나 사실은 그렇지 않다.

누구나 두뇌 효율이나 육체 효율은 매일 주기적으로 변화하고 있다. 그
런데 이 점을 감안하지 않는다면 오히려 시간을 낭비하는 결과를 초래하
는 것이다.

하루 중 효율이 가장 높아지는 시간은 오전 10시 경이다. 10시를 정점으
로 하여 시간이 지남에 따라 서서히 저하하다가 오후 3시쯤에 다시 한 번
상승한다. 여기서 두뇌 활동은 오전 10시 경에 가장 높은 수치를 기록하였
고, 오후 3시 경은 오히려 운동능력이 최고치에 달하였다.

이 같은 사실에서도 알 수 있듯이, 시간을 잘 활용하기 위해서는 두뇌 활동이 최고조에 달하는 오전 10시 경의 시간대를 집중적으로 활용해야 한다.

물론 오전 10시, 오후 3시라는 능률시간이 누구에게나 똑같이 적용되는 것은 아니다. 오후 1시, 오후 6시인 사람도 있을 터이고, 오전 9시, 오후 2시인 사람도 분명히 있다. 그것이 몇 시이든 하루 중에 효율이 가장 높은 시간대와 낮은 시간대가 분명히 존재하며, 누구라도 몸소 느끼고 있을 것이다.

보편적으로 오전 10시가 능률적이란 말은, 수면 시간에서 유추된 말이다. 즉 잠에서 깨어난 후 3~4시간이 지났을 때 두뇌 활동이 가장 활발해지므로 일어난 시간이 오전 8시라면 그 사람의 능률시간은 오전 11시나 12시 경이 된다.

만약 점심시간에 20~30분 정도 낮잠을 자면, 오후에 다시 한 번 두뇌 활동이 절정에 달하게 된다. 실제로 일부 기업에서는 그 효용에 착안하여 30분 정도의 낮잠을 권장하기도 한다.

인간의 두뇌와 신체에 관련된 하루 동안의 리듬을 연구한 것으로 잘 알려져 있는 미국의 심리학자 게이츠는 초등학교 5~6학년 어린이를 대상으로 다양한 기억력과 이해력 테스트를 실시하여 다음과 같은 결과를 발표했다.

① 두뇌 작업(계산이나 암기 등)은 정오까지 능률이 높아진다. 오후 1시 경에 일단 저하하지만, 또 다시 오후 3시 경까지 어느 정도 상승한 다음 조금씩 저하한다.

② 운동(체조 등)과 같은 경우는 하루 종일 능률이 상승하며, 오후가 되면 더욱 근육이 유연해지고 운동속도도 좋아진다.

게이츠는 대학생을 대상으로 같은 실험을 실시한 적이 있는데, 이때도 마찬가지로 기억이나 이해력 등은 오전 중에 능률이 높아진다는 사실을 확인했다. 신체를 움직이는 일은 시간대에 상관없이 어느 정도 지속할 수 있지만, 두뇌를 사용하는 일은 장시간을 들여 노력하더라도 그 만큼의 효과는 기대할 수 없다는 것이 증명된 셈이다.

• 자신에 맞는 능률시간대를 확보하기 위해 생리적 리듬과 생활 습관 또한 점검해 봐야 한다. 그만큼 자기 자신을 주의 깊게 관찰해야 하고, 단점을 솔직하게 인정하는 용기도 가져야 한다.

능률시간대와 업무스케줄

하루 중에 두뇌 작용이 활발해지는 시간대와 반대로 저하되는 시간대가 존재한다는 것은 앞에서도 설명했다. 시간을 세 배로 활용하려면 이러한 주기적 변화를 알고 자신의 능률시간이 어디쯤에 위치하는가를 완벽하게 파악해야 한다.

물론 그 시간대에 맞춰 생활 리듬을 조절하거나 업무 스케줄을 짜야 한다. 바꿔 말하면 주어진 시간을 적합하게 사용함으로써 시간을 두세 배로 활용할 수 있게 된다는 뜻이다.

두뇌 작용이 정상에 달하는 능률시간에는 가장 중요한 일을 집중적으로 소화하라. 그리고 골짜기처럼 효율이 저하되는 시간대에는 단순작업을 하거나 신문을 읽거나 혹은 그리 중요하지 않은

연락작업 등을 처리하라.

그 시간대가 되어서야 갑자기 업무를 전환하는 방법으로는 효율을 높이기 어려우므로, 미리 그날그날의 업무 스케줄을 짜서 배분해 둔다. 정점에 달하는 능률시간을 100% 활용하기 위해 그 시간에는 중요한 업무를 처리하며, 다른 일이 방해가 되지 않도록 미리 신경을 쓴다.

아침에 잠에서 깨어난 순간, 머리가 상쾌하다고 말하는 사람은 거의 없다. 누구라도 조금은 멍한 상태일 것이다. 하지만 세수를 하고 아침식사를 마치면 머리가 점점 맑아져오며, 회사에 도착한 후 책상 앞에 앉았을 즈음에는 두뇌도 준비완료 상태에 돌입한다.

이때 즉시 일을 시작한다. 궤도에 오르기 시작한 시점에는 완전히 능률시간대에 진입하여 효율적이고 쾌적한 상태로 일을 진행할 수 있다. 이것은 직장에서의 업무뿐만 아니라 자격증을 따기 위해 공부할 때에도 그대로 적용된다. 무엇보다도 자신의 능률시간을 바르게 파악하고 그 시간을 소중하게 사용하는 것이 중요하다. 이런 작은 노력으로도 일이나 공부의 결과에 상당한 차이가 발생할 것이다.

• 능률시간대라고 해서 100% 본 업무에 집중할 수 있는 것은 아니다. 같이 일하는 사람들과 각자의 능률시간대를 공유하자. 서로의 업무에 방해가 되지 않으면서 협조할 수 있는 시간대가 생길 것이다.

스케줄은 어디까지나 스케줄일 뿐

앞에서 '시간을 유용하게 사용하기 위해서는 스케줄을 짜는 것이 좋다' 라는 말을 했다. 이것은 결코 틀린 말이 아니다. 그러나 조금 모순되는 것 같지만, 여기서는 '스케줄에 얽매여서는 안 된다' 라는 이야기를 하고자 한다.

결론부터 말하자면, 스케줄이란 어디까지나 하나의 기준에 지나지 않는다. 아무리 이상적인 스케줄을 짜고 '이것으로 내일은 시간을 세 배로 활용할 수 있다' 고 만족하더라도, 당일 아침에 갑자기 복통을 일으켜 결근한다면 완벽하게 짠 스케줄도 아무런 소용이 없다.

이것은 극단적인 예이지만, 한 가지 일이 예정시간을 초과하여 그 다음의 스케줄이 모두 뒤틀려버리는 것은 누구에게나 흔히 일어날 수 있는 일이다. 만약 누군가를 만날 약속이 있었는데 취소해야만 한다든지, 취소가 불가능하다면 시간을 늦추는 등의 대응책을 생각해야 할 필요가 생긴다. 그러면 '열심히 짠 스케줄이 엉망이 되어버렸다'는 심리적인 타격을 받아 그 다음에 해야 할 일이 손에 잡히지 않는 사람도 있다.

그렇기 때문에 스케줄에 얽매여선 안 된다는 것이다. 이때 임기응변의 능력과 융통성 있는 사고방식이 필요하다. 즉 스케줄이란 원래 변하는 것이라고 생각하는 것이다. 그렇다고 긴장감을 늦춘 채 안이한 태도로 생활하라는 말은 아니다.

구체적으로 말하면 어떤 일이 예정된 시간 내에 끝나지 않았을 때 그것이 연속성이 있는 일이라면 그 다음의 예정을 늦추더라도 완수할 필요가 있다.

하지만 전혀 별개의 업무가 이어지는 경우라면 일이 끝나지 않았다 해도 예정된 시간에 일단 마무리를 짓고 다음 예정으로 넘어가는 편이 효율적이다. 다음 업무를 능률을 높여서 완수한 뒤에, 하다 남은 일을 시작하면 되는 것이다.

이렇듯 일을 융통성 있게 처리하면 스케줄을 망치지 않으면서도 성취감을 크게 맛볼 수 있다.

하지만 비록 5분 정도의 차이라도 그 다음부터의 모든 일정이 조금씩 늦춰져 버린다면, 무엇 하나 스케줄대로 하지 못했다는 실망감 때문에 성취감을 얻기는 힘들다.

분명 스케줄이란 일을 능률적으로 진행시키는 데 상당히 효과적이며, 시간을 세 배로 활용할 수 있게 도와준다. 하지만 스케줄은 하나의 기준이지 절대적인 것은 아니다. 예측할 수 없는 사태가 발생했을 때 융통성 있게 대처하는 태도가 시간을 세 배로 활용하는 시간관리 기술의 비법이다.

- 당신은 융통성 있는 사람인가? 융통성은 개방적인 사고에서 비롯된다. 직관력이 뛰어나고 결정력이 빠른 사람은 어떤 상황이라도 문제 해결에 적극적이다. 그런 사람을 보고 융통성 있는 사람이라고 이야기한다.

몸과 마음의 건강을 위해 놀자!

아무리 주도면밀한 스케줄을 짜더라도 예측 불허한 상황에 처하게 되면 당연히 그 스케줄대로 움직일 수 없으며 수정이 불가피할 때도 있다.

그래서 융통성이 필요하다고 말한 것이다. 하나 더 생각해야 할 점은 스케줄 속에 놀이도 포함시켜야 한다는 것이다.

현대와 같은 스피드 시대에서는 오로지 근면성실함만으로는 발전하지 못한다. 인생을 즐기면서 살거나 혹은 그런 인생을 이해할 수 있는 사고방식이 필요하다. 스케줄도 마찬가지이다. 놀이가 전혀 없는 스케줄, 예를 들면 도중에 5분간의 커피타임도 허용하지 않는 스케줄은 도저히 지킬 수 없다.

기계도 휴식이 필요한 법인데 하물며 인간은 말할 필요조차 없다. 그렇기 때문에 스케줄에는 항상 놀이 또는 어느 정도의 여유를 포함시키는 것이 좋다.

조금 다른 이야기이지만, 현대인은 철저한 합리주의자보다도 어느 정도 여유 있는 사람에게 호감을 갖기 쉽다. 특히 인간관계는 사회생활에서 중요한 재산인 만큼, 이러한 여유가 일종의 윤활유 역할을 하여 비즈니스에서도 효과를 발휘할 수 있다.

하루 중에 얼핏 시간 낭비라고 생각될 수도 있는 놀이는 아주 중요한 의미를 지닌다.

한숨 돌릴 틈도 없이 일에 쫓기는 생활에 취미라곤 전혀 없고, 집에 돌아가면 피곤에 지쳐 침대에 눕기 바쁜 나날이라면 결국은 일에도 악영향을 끼칠 수밖에 없다.

놀이에 투자하는 시간을 결코 낭비로만 생각해서는 안 된다. 노이로제라든지 과로사까지는 아니더라도, 스트레스가 쌓여 끝내는 견딜 수 없는 상황에 부딪힐지도 모른다.

그럴 때 퇴근 후에 갖는 간단한 술자리나, 시간과 돈 낭비라며 회피하던 놀이가 직장에서의 피로나 스트레스를 해소해 주고 내일을 위한 활력을 재생산하는 경우가 얼마든지 있다.

이렇게 생각하면 시간 낭비로 느껴지던 놀이가 지극히 중요한 작용을 하고 있다는 것을 알 수 있다.

물론 퇴근 후의 놀이나 취미 생활 때문에 근무시간을 소홀히 하는 우를 범해서는 안 된다. 일을 능률적으로 처리하고 시간을 세 배로 활용한다고 해서 오로지 눈앞의 시간 효율만을 추구하다 보면 결국은 피로나 스트레스가 쌓여서 더욱 소중한 것을 잃게 될 수도 있다.

- 노는 것도 놀아본 사람이 잘 논다. 놀아본 사람은 노는 방법을 안다. 그러므로 노는 방법을 알기 위해 공부해야 한다. 의미 있는 시간을 사용하는 일이니 더욱 그렇지 않겠는가.

일의 우선순위를 알자!

매일 잠자리에 들기 전, 다음 날 스케줄을 수첩에 꼼꼼히 메모하라. 이 방법은 시간을 유용하게 사용하는 데 의외의 큰 효과를 발휘한다. 특히 너무나도 바빠서 몸이 두 개라도 모자라다고 생각하는 사람이라면, 자신이 해야 할 일을 정확하게 정리하고 계획을 세워둠으로써 쓸 데 없이 시간 낭비하는 일을 없애도록 한다.

그런데 그 스케줄을 짜는 방법이 문제이다. 생각나는 대로 하나하나 스케줄을 채워나갈 수도 있겠지만, 이것만으로는 시간을 절약하거나 유용하게 사용하는 데 아무런 도움이 되지 않는다. 그렇다면 어떻게 하는 것이 최선인가? 우선 일의 우선순위를 결정하는 것부터 시작해야 한다. 이것은 얼핏 쉽게 여겨질지도 모르지만 상당히 어려운 작업이다.

무엇이 중요하고 무엇이 중요하지 않은지 간단하게 이분하는 것은 그리 어렵지 않지만, 순위를 매기려면 왠지 망설여지는 법이다.

머릿속으로 생각하는 것만으로는 아무 소용이 없다. 자신이 어떤 일을 해야 하는지 하나도 빠짐없이 종이에 적어 보자. 그리고 꼭 하지 않아도 되는 일, 짬짬이 시간 내어 할 수 있는 일부터 제외시킨다. 그렇게 범위를 좁혀 가면 순위를 매기기가 한결 쉬워진다. 그리고 가장 중요한 일부터 순위를 매긴다. 미리 제외시킨 사소한 일은 회의가 끝난 다음이나 귀퉁이 시간을 활용해 처리하라.

우선순위를 매기는 작업이 어떻게 보면 하찮게 여겨질지도 모른다. 하지만 어떤 일이 가장 중요한지 판단할 수 있는 능력을 길러준다는 점에서 아주 중요한 과정이다. 게다가 가장 중요한 일을 먼저 처리하는 습관도 기를 수 있다. 매일 그리 중요하지도 않은 일 때문에 정작 중요한 일을 못하게 되는 경우가 종종 생기는데, 그런 사태를 사전에 막아 주기도 한다.

이렇게 스케줄을 짜고 업무를 진행시키면 귀중한 시간과 노력을 낭비하는 일도 줄어든다.

- 하루하루 자신 앞에 놓인 일 중 무엇을 먼저 해야 하고 무엇을 나중에 해도 되는지 정리하는 습관을 가져야 한다.

일의 중요도를 따지자!

우선순위를 결정할 때 중요도가 거의 같은 일이 세 가지 있다고 가정해 보자. 보통 사람이라면 쉬운 일부터 순위를 매기고 싶을 것이다. 간단한 일이나 쉬운 일은 빨리 처리할 수 있을 것이라는 생각에서다. 하지만 그날에 모든 일이 끝나는 것은 아니다. 샐러리맨이라면 정년이 되어 퇴사할 때까지 수많은 일에 파묻혀 지내야 한다. 어려운 일이나 시간이 걸리는 일, 지금까지 전혀 해본 적이 없는 새로운 일 등 놀랄 만큼 다양한 일이 매일같이 쏟아지고 있다.

그 만큼 어떤 일이라도 '할 수 있다'는 자신감이 절실해진다. 따라서 사람들은 그 자신감을 표출하기 위해서 우선 간단하고 쉬운 일부터 손을 대기 쉽다. 그러나 결론부터 말하면 그것은 좋은 방법이 아니다.

쉬운 일부터 시작하면 처음에는 효율적으로 진행되는 것처럼 보인다. 하지만 점점 힘들어질 것이 뻔하고, 결국 어렵거나 귀찮은 일만 남아 진행 속도가 현저히 떨어진다. 최악의 예를 들자면, 그 날 안에 마무리해야 하는 일을 다음 날로 미루는 불상사가 생기고 만다.

한편 얼핏 쉬워 보이는 일이라도 막상 시작해 보면 계획대로 진척되지 않아 애를 먹기도 한다. 결과적으로 역효과를 초래해 다음 일에 대한 의욕이 생기지 않는다. 결국 시간 낭비만 거듭될 뿐이다. 반대로 어려운 일이나 시간이 걸리는 일을 먼저 처리하면, 마음에 여유가 생겨서 나중에 남은 비교적 쉬운 일이 예상보다 더욱 쉽게 풀리는 경우도 많다. 이렇듯 일의 난이도에 현혹돼 쉬운 일부터 처리하려고 해서는 안 된다. 넓은 시각으로 전체를 바라보며 중요도를 판별한 후에 행동의 우선순위를 결정하는 것이 시간을 효과적으로 활용하기 위한 전제조건이다.

이렇게 하여 실제로 일을 시작하면 이것저것 생각할 필요 없이 '이것이 가장 중요한 일이다' 라는 일념으로 자기 자신을 북돋운다. 의욕도 집중력도 여기서 탄생한다는 사실을 잊어서는 안 된다.

- 일의 중요도를 따질 때는 한 가지 기준만 적용되는 것이 아니다. 그 기준은 각양각색이다. 될 수 있으면 많은 기준을 적용하여 일의 중요도를 체크하고 중요한 업무를 뒤로 미루는 실수를 범하지 말아야 한다.

P씨의 능률시간대

직장 생활 2년차인 P씨의 기상시각은 오전 6시 30분에서 7시 사이. 보편적으로 보면 P씨의 능률시간대는 9시 30분에서 10시 사이에서 시작된다. 하지만 P씨는 그 시간대에 본 업무를 하지 않는다. 일의 특성상 거래처와의 통화와 이메일 확인 작업이 우선되어야 하기 때문이다. 그렇다고 이메일과 전화 작업이 본 업무라고는 할 수 없다. 그러므로 P씨는 하루에 두 번 능률시간대를 설정해야 한다.

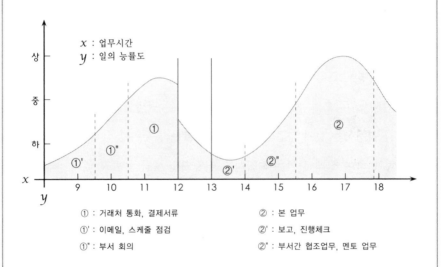

① : 거래처 통화, 결제서류   ② : 본 업무
①' : 이메일, 스케줄 점검   ②' : 보고, 진행체크
①" : 부서 회의   ②" : 부서간 협조업무, 멘토 업무

P씨는 자신이 식사 후 식곤증이 심하다는 것을 알기 때문에 점심식사 후 30분은 본 업무를 진행하지 않고 귀퉁이 시간으로 설정했다. 그리고 퇴근하기 15분 전부터는 당일 업무의 마무리와 정리, 평가의 시간으로 설정해 다음 날 업무에 참고할 수 있도록 했다.

20%의 노력으로 80%의 성과

미국에서 시간관리 컨설턴트로 활약하고 있는 라킨은 이탈리아 경제학자 빌 프레드가 처음 주창했던 '80대20의 법칙'을 새롭게 개발했다. 라킨은 '이 세상의 80%에 해당하는 효과는 20%의 노력으로 얻어진다'는 내용을 내놓았는데, 그 구체적인 예로서 다음과 같은 설명을 덧붙였다.

① 매상의 80%는 20%의 고객으로부터 얻는다.
② 생산액의 80%는 20%의 생산라인에서 만들어진다.
③ 이용하는 자료의 80%는 20%의 파일 안에 들어 있다.

④ 전화의 80%는 전화를 거는 20%의 사람으로부터 걸려온다.

⑤ 병결病缺의 80%는 20%의 직원이 하고 있다.

물론 이 '80대20' 이라는 비율은 대강의 수치에 불과하므로 항상 정확하다고 말할 수는 없다. 그러나 그 오차는 지극히 작은 숫자이므로, 확률이 높은 법칙이라고 라킨은 설명했다.

물론 이 법칙은 직장에서의 업무에도 적용된다. 한 가지 예를 들어 보자. '책상 서랍 안에 넣어 둔 서류의 80%는 전혀 손을 댈 필요가 없었다. 20%를 처리하는 것만으로도 충분했다.'

결국 정말로 중요한 일은 그렇게 많지 않으며, 전체의 20% 정도에 불과하다는 것이다. 그러므로 일을 진행할 때 쓸 데 없이 가치가 낮은 일에 매달리지 말고, 가치가 높은 20%의 일이 무엇인가를 먼저 생각할 필요가 있다.

그러면 자연히 일의 우선순위가 결정되고, 그 다음에는 자신의 시간과 두뇌, 그리고 에너지를 집중시키기만 하면 된다. 이것이 바로 시간을 가장 효과적으로 사용할 수 있는 방법이다.

우리 주위에는 흔히 무턱대고 일만 하면 되는 것으로 착각하는 사람이 있다. 중요한 일도 그렇지 않은 일도 전혀 구별 없이 착실하게 업무를 처리하는 성실파가 바로 그들이다. 그러나 이런 방법은 효율성도 낮고 시간적 손실도 크다.

　이런 타입의 사람은 더더욱 '80대20의 법칙'을 활용해야 한다. 우선 전체의 중요한 20%를 소화해냈다면, 모든 업무의 80%를 달성한 것과 마찬가지이다. 그러면 마음도 한결 가벼워질 것이고, 일의 효율도 급속도로 높아질 것이다. 업무 시간이 단축됨은 물론이다.

- 업무시간 중 80%를 별로 중요하지 않은 20%의 일을 처리하느라 허비한 적이 많지 않은가? 일의 중요도를 따지는 것은 그래서 중요하다.

멀티플레이

동시에 두세 가지 일을 할 수 있는 사람은 시간을 두세 배로 활용하는 사람으로서, 시간을 능수능란하게 다루는 시간의 기술자이다.

동시에 두 가지 일이 가능한 지 여부가 논쟁거리가 되었던 적이 있다. 당시의 고등학생이나 대학생 중에는 음악을 들어야만 공부에 집중할 수 있다는 사람이 많아서 문제가 되곤 했다. 그러나 이 행위를 반드시 나쁘다고 볼 수는 없다.

음악이 여러 가지 잡음을 차단하거나 정신적 긴장감을 풀어주는 효과도 있고, 실제로 음악을 들으면서 공부하여 좋은 성적을 얻었다고 말하는 학생도 적지 않았다.

특히 정보화 사회 속에서 시간을 소중히 하는 비즈니스맨이라면 몇 가지 일을 동시에 진행하고 있는 경우가 많다.

예를 들어 오후에 사람을 만날 약속을 해야 하는 경우, 점심식사가 끝난 1시 경으로 약속시간을 정하는 것은 시간 낭비에 해당하는 행위이다.

시간을 소중히 여기는 사람은 점심식사 시간에 만나 함께 식사하면서 이야기를 나누거나 의논을 한다.

결과적으로 오후 시간을 더욱 효과적으로 사용할 수 있다. 하루 동안의 스케줄을 주의 깊게 살펴보면, 이처럼 동시에 진행할 수 있는 일을 몇 가지 발견할 수 있을 것이다. 그 대표적인 예가 운전을 하면서 테이프를 듣는 행위이다. 영어 테이프를 들으며 공부할 수도 있고 라디오 강좌를 듣는 것도 좋다.

동시 진행이라 하더라도 같은 시간에 두 가지 일을 한꺼번에 생각하는 것은 불가능하지만, 다른 사람과 식사를 하면서 이야기를 나눈다든지, 운전하면서 테이프를 듣는 것은 충분히 가능한 일이다. 이처럼 두 가지 일을 동시에 진행할 때는 육체적인 동작과 사고 작업을 조합시키는 것이 좋다.

조금 더 긴 시간, 1주일이라든지 열흘 정도의 기간이라면 두 가지 사고 작업을 동시에 진행할 수 있다. 조금씩 시간차를 두고 A업무에 대한 구상과 B업무에 대한 구상을 교대로 하여, 거의 1주일 만에 두 가지 결정을 내리는 것이다.

엘리노어 루스벨트 부인은 시간을 절약하기 위한 비결 중 하나로 '두세 가지 일을 한 번에 처리하는 방법을 터득해야 한다'고 이야기한 적이 있다. 다른 종류의 일을 잘 조합하여 동시에 진행하는 방법은 시간 활용 면에서 놀라운 효과를 발휘한다.

- 두 가지 일을 동시에 진행하는 것은 개인적인 성향에 많이 좌우되므로 억지로 시도할 필요는 없다. 어디까지나 정해진 시간을 좀 더 의미 있게 사용하고자 하는 것이므로. 멀티플레이는 업무와 근무 환경에 어느 정도 적응되었을 때 적용해볼 만한 방법이다.

동시 진행하는 업무에도 순서가 있다!

두 가지 일을 동시에 하는 사람들은 분명 시간을 두세 배로 활용할 수 있다. 그러나 아무리 동시에 진행한다고 해도 그것은 시간대를 잘 분할하여 몇 가지 일을 병행하는 것에 불과하다. 진정한 의미에서의 동시 진행, 즉 같은 시간에 할 수 있는 일이란, 음악을 들으며 기획서를 작성한다든지, 음악을 들으면서 공부하거나 책을 읽는 것에 한정된다.

그러므로 책상 위에 두 장의 종이를 올려놓고 전혀 다른 성질의 기획서를 작성하는 일은 애당초 불가능하다. 하지만 기획서 A를 20분, 기획서 B를 20분과 같은 식으로 교대로 작성한다면 절대 할 수 없는 일만은 아니다.

한 가지 일을 오랫동안 계속 생각하다 보면 마치 막다른 길에 들어선 것처럼 전혀 앞으로 나아가지 않을 때가 있다. 그럴 때 성격이 다른 일을 하면 갑자기 좋은 아이디어가 떠올라 쉽게 빠져나오는 경우가 더러 있다.

마찬가지로 기획서 A와 기획서 B를 조금 시간차를 두고 작성하면, 사고 패턴이 전환됨으로써 의외로 좋은 기획서가 완성되기도 한다.

단지 이처럼 두 가지 일을 동시에 진행할 때 주의할 점은 바로 지금 하고 있는 일에 모든 신경을 집중시켜야 한다는 것이다. 옛말에 '두 마리 토끼를 잡으려다 둘 다 놓친다' 는 말이 있는데, 동시에 두세 가지 해야 할 일이 있더라도 우선 당면한 일에 10분이라면 10분, 15분이라면 15분으로 정해서 집중하는 태도가 무엇보다 필요하다. 한 가지 일을 하면서 다른 일을 생각하면 시간을 세 배로 활용한다는 것 자체가 도저히 불가능하다.

정해진 시간이 지나면, 그 일을 완전히 잊어버리고 다음 일이나 과제에 돌입해야 한다. 핵심은 눈앞에 있는 한 가지 일에 주의를 집중시키는 것! 이것이 바로 집중력을 발휘하기 위한 비법이다. 이러한 시간 활용법을 잘 조합하면, 동시 진행도 더욱 큰 효과를 발휘할 수 있다.

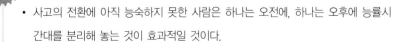

- 사고의 전환에 아직 능숙하지 못한 사람은 하나는 오전에, 하나는 오후에 능률시간대를 분리해 놓는 것이 효과적일 것이다.

두뇌, 24시간 풀가동

단시간에 두 가지 일을 병행하는 것은 아무나 할 수 있는 일이 아니다. 얼마간의 훈련이 필요하며, 그러려면 되도록 분주하게 생활하는 것이 좋다. 바쁘게 지내다 보면 자기 나름대로 시간 관리에 대해 고민하게 되고, 어느 순간 좋은 방법이 떠오르기도 한다.

미국에서는 '일은 바쁜 사람에게 부탁하라'는 말을 자주 쓴다. '유능한 사람'은 필요에 따라 두뇌를 풀가동시키므로 시간을 최대한으로 단축하여 사용하기 때문이다.

발상력의 명인이라 불리는 조직공학 연구소 소장, 이토카와 히데오 씨는 택시 안이나 공항 대기실에서도 원고를 쓴다고 한다. 항상 바쁘니 그런 자투리 시간이라도 활용하지 않으면 주어진 일을 다 처리할 수 없기 때문이다. 열차 안에서 원고를 쓰는 작가나 평론가는 이외로 많다.

'그런 곳에서까지 꼭 일을 해야 하나…' 라고 탐탁지 않게 생각하는 사람도 있겠지만, 인간은 누구나 바쁘다고 느낄 때 비로소 시간을 관리하기 위해 노력하기 시작한다. '필요는 발명의 어머니' 라는 말도 있지 않은가?

시간을 단축하려면 이처럼 바쁘게 지내는 것이 좋다. 바쁘게 이것저것 하다 보면 여러 가지 궁리를 하기 마련이고, 업무를 처리하는 능력도 점점 향상된다. 그리고 일에 쫓기면 아드레날린의 분비가 활발해져서 두뇌 회전이 빨라지므로, 생각지도 못한 아이디어를 얻을 수도 있다.

- 사람의 머리는 사용하면 할수록 더 활성화된다고 한다. 두뇌 회전이 빨라지도록 훈련하면 직관력도 강해지고 결정력도 빨라진다.

Design 'One Minute'

수면시간과 두뇌활동

수면시간을 줄여서라도 이 일을 마무리해야 한다며 '잠을 4시간밖에 자지 않았다' 거나, 또 자격증을 따기 위해서 '매일 3시간만 자고 열심히 공부했다' 는 말을 자주 듣는다.

그렇다면 수면시간을 줄여서 과연 얼마만큼의 효과를 얻을 수 있을까?

미국의 심리학자, 젠킨스Jenkins와 달렌바흐Dallenbach는 기억과 수면의 상관관계에 대해 아주 흥미로운 실험연구를 실시했다. 우선 그 실험을 소개해 보도록 하자.

피실험자는 두 대학생이다. 잠자리에 들기 전, 이 두 사람에게 아무 뜻이 없는 영어 철자를 반복해서 읽도록 하였다. 두 사람 다 완전히 암기한 시점에서 한 사람은 곧바로 자게 하고 다른 한 사람은 재우지 않았다.

그렇게 한 뒤, 1시간 후, 2시간 후, 3시간 후, 4시간 후, 8시간 후에 두 사람이 얼마만큼 기억하고 있는지를 테스트해 보았다. 수면을 취한 사람은 2시간 만에 거의 반을 잊어버렸지만, 그 다음부터는 선명하게 기억하고 있었다. 결국 철자 중 절반을 8시간 후까지 기억했다.

한편 자지 않은 대학생은 1시간 후에 40% 정도를 기억했고, 시간이 지남에 따라 점점 기억이 감소하여 8시간 후에는 겨우 10% 정도밖에 기억하지 못했다.

이 실험을 통해서 수면이 기억력과 얼마나 깊은 연관성이 있는지 알 수 있다.

실제로 2시간의 수면을 취했을 때 깨어 있었던 경우보다 2배나 많은 기억을 유지하였고, 8시간의 수면을 취한 경우는 전혀 자지 않았을 때보다 5배 이상이나 기억할 수 있었다.

수면시간을 줄이면서까지 열심히 일을 하거나 공부를 하더라도, 장기적으로 보면 능률이 떨어져서 손해를 보는 일이 다반사이다. 또한 일반적으로 3시간이면 충분할 일이 6시간이나 걸리는 바람에, 결국 그 다음날은 머리가 무거워서 일이 손에 잡히지 않는 경우도 많다.

이렇듯 수면은 매우 중요하다.

따라서 중요한 회의가 끝난 다음이나 전문서적을 읽고 공부한 뒤 깊은 수면을 취하지 않는 것만큼 어리석은 짓은 없다. 회의 내용이나 공부한 것을 거의 기억하지 못하기 때문이다.

그 날 공부한 것, 혹은 회의나 협상 내용 등 꼭 기억해야 하는 사항은 자기 전에 다시 한 번 정리한 후 잠자리에 드는 것이 좋다. '요즘 기억력이 떨어져서…' 라며 걱정하는 사람이라도 이와 같은 방법으로 상당히 많은 양을 기억할 수 있을 것이다.

- 적절한 수면시간을 지키면서도 일을 미루지 않고 할 수 있으려면 결국 정해진 시간에 집중력을 높여 일을 마무리하는 것이 최고다. 집중력은 곧 얼마나 두뇌가 활발하게 움직이느냐에 달려 있다.

하루 10분,

일주일 70분,

한달 300분,

1년 3650분,

당신이 무심코 흘린 시간!

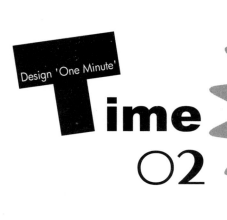

Design 'One Minute'

Time
02

시간은 나의 것
| 시간의 달인 시간정복 |

1분의 가치

인간은 이성적인 동물이다. 하지만 인간만큼 기분에 좌우되는 동물도 없다. 좋아하는 일이라면 장시간이 걸리더라도 즐겁게 할 수 있지만, 싫어하는 일이라면 조금도 참지 못하고 당장 내팽개치고 싶어지는 것이 인간이다. 그만큼 기분에 지배되고 있다는 말인데, 그것이 직장에서의 업무라면 싫다고 해서 도중에 그만둘 수는 없다. 그렇다면 어떻게 하는 것이 좋을까?

우선 시간가치를 계산해 본다. 벤자민 프랭클린Benjamin Franklin이 남긴 '시간은 금이다' 라는 말처럼 시간은 곧 돈이다. 즉 자신의 시간이 얼마만큼의 가치가 있는지를 생각해 보는 것이다.

시간가치를 파악하려면, 자신의 연봉(월급과 보너스)을 연간 노동시간으로 나누면 된다. 예를 들어 연봉이 5천만 원이고 연간 노동시간이 1,900시간이라고 하면, 그 사람의 한 시간의 가치는 26,320원이된다. 바꿔 말하면 한 시간의 노동시간 가치가 26,320원이다.

그렇다면 1분은 440원이다. 멍하니 담배를 피우고 있다 보면 3분 정도는 그냥 지나가므로 1,320원이나 되는 회사 돈을 쓸 데 없이 낭비하고 있다고도 할 수 있다. 그러나 회사가 부담하는 것은 월급이나 보너스뿐만이 아니다. 사무실 유지비나 전화요금 등의 제경비가 필요하므로 회사는 한 사람의 사원에 대해 연봉의 약 두 배 정도를 부담하고 있는 것이다.

결국 연봉 5천만 원인 사람에게 일을 시키기 위해, 회사는 1억의 돈을 지불하고 있는 셈이다. 당연히 이 사람의 시간가치는 1시간 당 52,640원, 1분 당 880원이 된다. 이것은 어디까지나 대략적인 계산이지만, 연봉 5천만 원인 사람은 회사를 위해 1억 원어치를 공헌해야 할 의무가 있다고도 말할 수 있다. 물론 직종에 따라서는 5년, 10년 이상의 기간이 지나야만 성과가 나오기도 하지만 기본적인 생각은 다르지 않다.

시간을 두세 배로 활용하려면 이처럼 자신의 시간가치를 정확하게 알아두는 것이 중요하다. 자신의 1시간이 얼마인지를 알면 시간을 낭비하는 일이 줄어들게 되고, 시간의 소중함도 실감하게 되는 법이다.

- 어디에서나 손해를 보고 싶지 않으면 자신의 시간의 가치를 정확하게 계산하여 시간을 헛되이 쓰지 말아야 한다.

나 자신에 보상하자!

시간가치와 관련하여 기회원가에 대해

서도 언급하고자 한다.

비즈니스 세계에서는 더욱 좋은 투자의 기회가 있었는데도 잘못 판단함

으로써, 손에 넣을 수 있었던 이익을 놓쳐버리는 때가 더러 있다. 이때 놓

쳐버린 이익을 바로 기회원가라고 한다.

예를 들어 야근을 하면 3만 원의 야근수당이 나온다고 하자. 하지만 이

날은 야근을 하지 않고 친구들과 술을 마시는 바람에 7만 원을 소비했다.

야근수당을 포기한데다가 7만 원이나 썼기 때문에 이 날 밤의 기회원가는

10만 원이라는 계산이 나온다.

지나간 시간을 되돌릴 수 없는 것과 마찬가지로 이렇게 한 번 놓쳐버린

기회나 기회원가를 돌려받을 수는 없다.

또 다른 날에 야근을 하면 되지 않느냐고 생각하는 사람도 있겠지만, 다른 날은 이미 새로운 날이다. 왜냐하면 시간가치를 정확하게 아는 것이 무엇보다 중요하기 때문이다.

우리는 일생을 살아가는 동안 좋은 기회를 놓치고 나중에야 후회하는 일을 수없이 경험한다. 놓쳐버린 것의 가치는 시간이 지날수록 실제보다 더욱 크게 느껴진다.

일 또한 다를 바 없다. '그 때 해 두었더라면 지금 이렇게 고생하지 않아도 될 텐데…'라며 후회하는 일도 적지 않게 일어난다. 나중에 후회하지 말고 적당한 시기에 깔끔하게 일을 마무리 짓기 위해서도, 기회원가를 항상 생각하는 습관을 기르는 것이 좋다.

물론 오로지 시간가치나 기회원가만을 따지며 자신을 채찍질한다고 해서 일의 능률이 반드시 오르는 것은 아니다. 오히려 시간을 더욱 낭비하게 될 수도 있다.

그렇게 되지 않기 위해서는 자신을 위해 뭔가 성공보수를 준비해 두는 것도 좋은 방법이다.

상당히 까다로운 일이라면 '끝나면 가볍게 한 잔 하자'라든지 '이 일이 마무리되면 영화를 봐야지'라며, 뭔가 자신이 즐길 수 있는 일이나 매력적인 것을 상으로 준비하라.

단순하다거나 유치한 방법이라고 생각하는 사람이 있을지도 모르겠다.

그러나 자신을 향해 스스로 '잘 해냈다'고 칭찬하는 것은 일을 효율적으로 진행하는 데 탁월한 효과가 있다.

그렇게 하면 시간을 효과적으로 사용하면서 일을 신속하게 처리하고 싶은 의욕도 샘솟는다.

- 수고한 나 자신에 작은 이벤트를 열어주는 것은 다음에 시작할 일에 활력소를 불어 넣을 수 있다. 마음속으로 '넌 잘해냈어!', '다음엔 더 잘 할 수 있어!' 라는 자기최면을 걸어주면 자신감을 배가시킬 수 있다.

Design 'One Minute'

생활 리듬을 찾자!

일찍 자고 일찍 일어나는 것이 좋은 습관이라는 것은 어린아이들도 다 알고 있는 사실이다.

하지만 늦게까지 자지 않고 뭔가를 하는 야행성 인간은 줄어들 기미가 보이지 않는다. TV의 심야방송은 말할 것도 없고, 요즘은 심야에도 스포츠를 즐길 수 있는 시설이 부쩍 늘어나고 있다. 24시간 영업하는 가게가 현저히 늘어나고 있는 현상은 심야 생활을 즐기는 것이 당연한 것처럼 여겨지는 사회적 분위기로부터 탄생한 것이다. 특히 대도시의 번화가는 하루 24시간 잠들지 않는 곳이 되어버렸다.

자유로운 직업이라면 모르지만, 낮에 일을 해야만 하는 비즈니스맨은 역시 아침형 인간이 아니고서는 업무를 효율적으로 소화해낼 수 없다.

스트레스에 대한 연구로 유명한 도쿄농대 교수, 다타이 기치노스케 씨는 "일부 문필가들처럼 밤이 되어야만 글이 잘 써지는 습관이 몸에 배어 버리면, 내 생산 활동은 결국 쇠퇴하게 될 것이다"라고 말한 적이 있다.

밤을 새서 한 가지 일을 완수했다 하더라도 다음날 바로 영향을 받아 거의 아무 일도 할 수 없었던 경험이 있을 것이다. 그 날 하루만이 중요한 날이라고 생각해서는 안 된다. 그러므로 자기 나름대로의 리듬을 만들어서 무리하지 않고 효율적으로 업무를 수행해야 시간을 최대한 활용할 수 있다.

- 자기 자신의 신체적, 정신적 리듬을 모르면 불가능한 일이다. 그만큼 자신에 관심이 많아야 하고 솔직해야 한다.

차분한 업무시작을 위하여

Design 'One Minute'

'일찍 일어나는 새가 벌레를 잡는다' 는 말이 있다. 아침 일찍 일어나면 자신에게 득이 된다는 뜻인데, 이는 현대의 비즈니스맨에게 그대로 적용할 수 있다.

예를 들어 1시간 일찍 출근하면 그만큼 빨리 업무 준비를 끝낼 수 있다. 게다가 머리가 맑은 시간대인 만큼 어떤 기획을 구상하는 데도 도움이 될 것이다. 혹은 신문을 여유로운 마음으로 읽을 수 있어서 새로운 정보를 정리해 둘 수도 있다.

업무 시작 시간에 딱 맞춰서 출근하는 사람보다도 조금 이른 시간에 출근하는 사람이 여유롭게 일을 할 수 있으며 주어진 시간을 적극적으로 활용할 수 있다.

일본의 다이이치칸교 은행에서 실시한 '일본인과 외국인 비즈니스맨의 시간활용법 비교조사'에 의하면, 평균 출근시간이 일본인 비즈니스맨은 업무 시작 18.3분 전, 외국인 비즈니스맨은 업무 시작 26.1분 전이었다.

이 조사는 도쿄의 기업에 근무하는 일본인 300명, 외국인 300명, 총 600명을 대상으로 실시한 것인데, 일본인 비즈니스맨의 35%가 '업무 시작 시간 10~20분 전'에 출근한다고 답했으며 '업무 시작 시간~20분 전'이라는 대답이 과반수(56.2%)를 차지했다.

전반적으로 연령이 높아짐에 따라 일찍 출근하는 경향이 있는 듯하다. 예를 들어 20~29세 일본인 비즈니스맨의 평균은 업무 시작 17.8분 전인데 반해, 50~59세는 업무 시작 22.3분 전이었다. 20~29세 외국인 비즈니스맨의 평균은 업무 시작 29분 전이었고, 50~59세의 평균은 업무 시작 31.5분 전이었다.

또 40분~50분 전이라고 대답한 일본인은 4.2%밖에 없었지만 외국인은 11.4%나 되었고, 50분 이상이나 일찍 출근하는 사람은 일본인 3.5%, 외국인 13.8%로 상당한 차이를 보이고 있다.

물론 2, 3시간이나 일찍 출근할 필요는 없다. 그러나 적어도 15분이나 20분 전에는 출근하여 업무 시작 시간까지 이메일을 체크하거나 신문을 읽는 등 업무 태세에 돌입하기 위한 준비를 마치는 것이 좋다.

업무 시작 시간에 딱 맞춰 출근한다면 준비하는 동안 20~30분의 시간이 순식간에 지나가 버린다. 이것은 상당한 시간 낭비로서, 근무하는 데 적지 않은 영향을 미치게 된다. 하루 20분이라 하더라도 1주일 5일간이라면 100분, 한 달이면 약 400분, 즉 6시간 40분의 손실이다.

시간을 유용하게 사용하려면 업무 시작 시간에 업무를 시작할 수 있는 태세를 갖춰 둘 필요가 있다. 그러기 위해서도 15분이나 20분 전에는 출근해야 한다. 그렇게 하면 마음에 여유도 생기고, 시간을 헛되이 쓰는 일 없이 일을 진행시킬 수 있을 것이다.

• 지각하지 않기 위해 헐레벌떡 뛰어 겨우 자리에 앉게 되면 바로 업무를 시작하기 어려운 것이 당연하다. 조금 일찍 도착해 차를 한 잔 하면서 몸과 정신 모두 집중할 수 있는 상태로 만들어주는 과정이 필요하다.

귀퉁이 시간도 낭비하지 말자!

아무리 일찍 출근하더라도 차를 마시면서 잡담이나 하고 있다면 그 시간은 아무런 의미가 없다. 가장 좋은 것은 그 날 해야 할 업무 준비를 꼼꼼히 하는 것이고, 효율적으로 일을 진행하여 '칼퇴근'을 할 수 있게끔 궁리하는 것이다.

앞서 언급한 '시간활용법 비교조사'는 시업 전 시간을 활용하는 방법에 대해서도 알 수 있으므로 상당히 흥미롭다.

- 곧바로 일을 시작한다 : 일본인 37.4%, 외국인 43.3%.
- 신문을 보면서 컨디션을 조절한다 : 일본인 29.7%, 외국인 41%.

- 피로를 푼다 : 일본인 8.4%, 외국인 5.2%.
- 근무시간이 아니므로 자유롭게 보낸다 : 일본인 2.3%, 외국인 6.7%.

크게 나누면 '곧바로 일을 시작하는 적극파' 와 '신문을 보며 컨디션을 조절하는 여유파' 로 이분된다. 그러나 외국인 비즈니스맨은 적극파든 여유파든 일본인 비즈니스맨보다 비율이 높다. 특히 '신문을 보며 컨디션을 조절하는 여유파' 가 41%나 되는 점이 눈길을 끈다.

따라서 외국인 비즈니스맨은 일본인 비즈니스맨보다 일찍 출근하는 경향이 강하고, 본격적인 업무 시간에 대비한 준비에 귀퉁이 시간을 할애하고 있다는 것을 알 수 있다.

그 외에도 일본인 비즈니스맨들은 '청소', '업무 준비', '잡담', '옷차림 정돈' 등의 활동을 한다고 대답했고, 외국인 비즈니스맨들은 '잡담', '차를 마신다', '어학 공부', '음악 청취', '휴식' 등의 대답을 했다.

근무시간이 아니므로 어떻게 보내건 그 사람의 자유라고 말하면 더 할 말은 없지만, 근무시간 전의 수십 분간을 어떻게 사용하는가에 따라 그 날 하루의 업무 성과가 결정된다고 말해도 과언이 아니다.

출근시간이 긴 사람은 전철이나 버스에서 시달린 피로를 풀어주는 것도 중요하다. 그리고 하루 동안 처리해야 할 업무를 위해 준비하는 여유는 누구에게나 필요한 법이다.

어떤 일이라도 준비를 게을리 하면 그다지 좋은 결과를 얻을 수 없다. 그만큼 준비에 어느 정도의 시간을 투자할 필요가 있다. 준비를 위해 조금의 시간을 들이면, 업무 효율이 높아져서 그 날 하루를 알차게 사용할 수 있다.

- 계획과 준비의 중요성은 아무리 강조해도 부족하다. 귀퉁이 시간 10분에 계획을 점검하고 준비를 하면 능률시간대 40분에 집중력을 200% 높일 수 있다.

Design 'One Minute'

출퇴근 시간도 그냥 보내지 말자!

시간을 효과적으로 사용하기 위해서는 출퇴근 시간을 잘 활용해야 한다. 요즘은 자택을 교외의 조용한 곳으로 옮기는 경향이 있어서 그런지, 출퇴근 시간이 편도 2시간인 사람도 그리 드물지 않다.

전철 속 풍경을 둘러보면 신문을 읽고 있는 사람도 있는 반면에 꾸벅꾸벅 졸거나 멍하니 앉아 있는 사람도 있다. 그러나 1시간, 혹은 2시간이나 되는 출퇴근 시간을 아무 의미 없이 보낸다면 너무나 아깝지 않은가?

도쿄대학교 명예교수인 다케우치 히토시 씨. 그의 하루는 다른 사람보다 일찍 시작되는 것으로 잘 알려져 있다. 대학교수를 지내는 동안 거의 매일을 오전 4시에 일어나 6시 반에 아침식사를 끝내고 7시 15분 전에는 집을 나섰다고 한다.

왜 그렇게 일찍 집을 나섰을까? 바로 텅 빈 전철을 이용하기 위해서였다. 이른 아침 시간이라면 출퇴근 시간과는 달리 넓게 앉을 수 있는 자리를 확보할 수 있다. 다케우치 씨는 전철에 몸을 맡긴 채 책을 읽거나 마감이 임박한 원고를 쓰곤 했다고 한다.

분명 텅 빈 전철 속은 책을 읽기에 아주 적합한 장소이다. 달리 할 일이 없으므로 오로지 책에만 집중할 수 있다. 만약 출퇴근 시간이 편도 1시간이라면 왕복으로는 2시간, 얇은 책이라면 이틀 동안에 한 권을 읽을 수 있다.

다케우치 씨는 이런 이야기도 한 적이 있다.

"도쿄 도심으로 출근하는 비즈니스맨 대부분이 출퇴근 시간이 길다는 점에 불만을 품고 있어요. 편도 1시간 정도가 평균적이라고 하는데, 나는 이 정도 시간이 부럽기만 하답니다. 1시간은 독서하기에 가장 적당한 시간이지요. 글자도 작고 두꺼운 책은 힘들다 하더라도 얇은 문고판 정도라면 옆 사람에게 폐를 끼치지 않으면서 읽을 수 있습니다."

전철 속에서 책을 읽기 위해서는 역시 자리에 앉는 것이 편하다. 샐러리맨의 경우, 자기 멋대로 붐비는 시간을 피해서 1시간이나 늦게 출근한다는 것은 용납되지 않겠지만, 조금 일찍 출근하는 것은 얼마든지 가능하다.

출퇴근 시간을 유용하게 사용하기 위해서 시차출근과 같은 적극적인 방법을 권하고 싶다.

이렇게 하면 출퇴근 시간에 책을 읽거나 업무 준비를 위한 메모를 하는 등 다양한 형태로 활용할 수 있다. 게다가 회사에 도착해서도 시간이 넉넉하니 여유롭게 업무 준비를 할 수 있고, 회의가 있다면 그때 제안할 안건을 구상할 수도 있다.

- 출근시간과 퇴근시간 중 교통수단을 이용하는 동안의 시간은 직장인이 가장 소홀하기 쉬운 귀퉁이 시간이다. 책 한권을 읽기로 결심했다면 출퇴근 시간을 이용해보자. 조금씩 읽어 2주일 만에 한 권을 다 읽었을 때의 만족감은 업무를 마무리했을 때의 성취감과 다르지 않다.

아침형 인간? 저녁형 인간?

　　한때 '아침형 인간'이 붐이었던 적이 있다. 아침형 인간이 되어야 남보다 시간을 더욱 효율적으로 활용하고 성공할 수 있다는 것이었다.

　　하지만 반드시 '아침형 인간'이 바람직하다고 볼 수 없다. 각자 생활리듬이 다르기 때문이다. 아침형 인간이든 저녁형 인간이든 자신의 리듬에 맞춰 계획을 세우고 시간을 관리하는 것이 더 중요하다.

　　2007년, 자기계발을 하고 있다는 직장인 1,800여 명을 대상으로 한 구직사이트에서 설문조사를 했다. 설문 조사에 응한 직장인들 중 자신을 '아침형 인간'이라고 대답한 사람은 23.5%, '저녁형 인간'이라고 대답한 사람은 65.2%였다. 직종별로는 기획직이나 디자인직의 경우에 저녁형 인간이 많았고, 영업직의 경우 타 직종에 비해 아침형 인간이 많은 것으로 나타났다.

　　주로 출근 전 아침 시간을 활용하여 운동과 독서 어학 수강 등을 한다고 하였고, 점심시간을 이용해서는 독서, 취미활동, 자격증 준비, 운동 등을 주로 한다고 대답했다. 퇴근 후에는 저녁시간도 운동이나 취미 활동, 자격증 준비, 독서, 어학 수강, 학위 과정 수강 등으로 시간을 활용하는 것으로 조사되기도 하였다.

　　최근 귀퉁이 시간을 그냥 보내지 않고 자기만의 것으로 활용하는 직장인이 늘어나고 있다. 자신의 스타일에 맞는 시간관리 방법을 찾아보는 노력이 필요할 때다.

책 읽을 시간은 따로 없다!

Design 'One Minute'

책을 읽느냐고 물으면 '도저히 그럴 만한 시간이 없다'고 대답하는 사람이 많다. 매일 바쁜 나날을 보내다 보면 도저히 책을 읽을 마음이 생기지 않을지도 모른다. 그러나 그런 사람은 만약 시간이 있더라도 책을 읽지는 않을 것이다. 그것은 시간문제가 아니라 마음의 여유에 관한 문제이기 때문이다.

장편소설은 연속해서 읽어야 하기 때문에 부담이 될 수도 있다. 그러나 얇은 문고판이라면 2~3시간, 천천히 내용을 음미한다 하더라도 4~5시간만 투자하면 충분히 읽을 수 있다.

비즈니스맨의 평균 출퇴근 시간은 약 1시간이다. 한 권을 이틀 만에 읽는다면, 1년 동안 휴일을 제외하고라도 130권 정도는 읽을 수 있다. 이것은 상당한 독서량이고, 뭔가 주제를 정하여 읽으면 전문적인 내용까지 습득할 수 있다.

출퇴근 시간 외에도 점심시간이라든지 누군가를 기다리는 시간 등 책을 읽을 수 있는 시간은 얼마든지 있다. 단지 '책을 읽을 시간이 없다'는 핑계를 대는 사람은, 책이란 책상이나 테이블 앞에 앉아 편안한 마음으로 읽는 것이라고 생각하기 때문이다.

발상력의 명인이라 불리는 이토카와 히데오 박사는 아주 독특한 독서법을 실천하고 있다. 굳이 이름을 붙이자면 '1회용 독서법'이라고 할 수 있을까?

이토카와 씨의 독서실은 오로지 신칸센 안으로서, 열차에 오르기 전에 매점에서 책을 한 권 산다. 두꺼운 책이라면 목적지에 도착하기까지 다 읽을 수 없을 테고, 만약 그렇다 하더라도 열차에서 내릴 때는 그 책을 선반 위에 두고 내린다고 한다.

짐을 가볍게 하기 위해서 들고 가지 않는 것이다. 그리고 돌아올 때 똑같은 책을 사서 그 다음부터 읽기 시작한다. 어떻게 보면 낭비로 생각될지 모르지만, 책으로부터 얻는 정보량이나 지식으로 따지면 낭비라고 볼 수만은 없을 것 같다.

그리고 다른 물가에 비해서 책이나 잡지가 결코 비싼 편이 아니다. 그러므로 책에 돈을 지불하는 데에 인색해서는 안 된다. 그것보다도 어떻게든 책을 읽는 것이 더욱 중요하다.

이토카와 씨는 자신의 저서 속에서 "술집에서는 하루에 5만 원, 10만 원도 물 쓰듯이 쓰는 사람이 책값에는 너무나도 인색하다. 어차피 구두쇠가 되려면 술값을 아끼고, 책에는 아낌없이 펑펑 쓰면서 필요한 지식을 듬뿍 흡수해야 한다"라고 강조했다.

지당한 말씀이다. 이토카와 씨의 독서법에 반대의견이 있는 사람이라도 시간을 쪼개서 책을 읽어야 한다는 말에는 납득하리라 생각한다. 마음만 있다면 책은 어디에서나 읽을 수 있다.

- 직장 생활을 시작한 사람들이 제일 어려워하는 것이 책 읽는 것이다. 또한 제일 쉬워하는 것도 책읽기다. 시작하기는 어려워도 일단 시작하면 안 읽고는 못 배기는 것이 책이기 때문이다. 습관을 들이면 귀퉁이 시간을 알차게 보내는 것은 그다지 어렵지 않다.

출근시간에 책 읽기

단행본은 헌책방에서도 잘 사주지 않기 때문에, 필요 없어지면 재활용품 쓰레기로 버릴 수밖에 없다. 그러므로 옛날처럼 책을 소중히 여기는 사람은 그리 많지 않다.

그래도 '모처럼 샀으니까 꼼꼼히 읽어야지' 라고 생각하는 사람도 적지 않다. 물론 자신의 직업과 관련된다든지, 어떠한 필요성 때문에 정독해야 하는 책도 있다. 그러나 한 권의 책 속에 알고 싶은 내용은 20~30페이지 정도뿐인 경우가 더욱 많다.

이 같은 경우 머리말과 목차, 그리고 필요한 부분만을 잘라 내고 나머지는 버려도 좋다. 머리말 부분을 남기는 이유는 그 책의 윤곽이나 문제점이 기술되어 있는 경우가 많기 때문이다. 필요한 정보와 지식을 얻기 위해서라면 이것만으로도 충분한 독서법이다.

'아깝다'고 생각하는 사람이 있을지도 모르겠다. 그러나 더욱 중요한 것은 시간이고, 필요한 정보나 지식을 얻는 일이다. 그다지 필요하지도 않은 부분을 읽더라도 아무 의미가 없을 뿐이고, 오히려 시간을 낭비하는 격이 될지도 모른다.

물론 모든 책을 이 방법으로 읽으라는 말은 아니다.

한 권을 빠짐없이 읽어야 할 책을 제외하고는 필요한 페이지만을 오려내어 파일로 만들어 보관하면 짧은 시간에 많은 책을 읽을 수 있으며, 이 방법에 익숙해지면 그 책의 어느 부분이 필요한지 한눈에 판단할 수 있게 된다.

결국 필요한 것을 선별해내는 안목도 기를 수 있다. 이 방법의 장점은 생각보다 크고, 업무에 관련된 여러 가지 면에서도 도움이 된다.

• 물론 작품성과 감정을 음미하면서 읽어야 하는 책도 많다. 여기서 말하는 책이란 자기계발과 업무에 도움이 되는 실용서일 경우에만 해당되는 것이다.

출근시간에 신문 읽기

단어 하나하나의 의미를 곰곰이 생각하며 책을 읽는다면, 한 권의 책을 다 읽는데 도대체 몇 시간이 걸릴까? 적당한 길이의 글을 한눈에 읽고 대강의 의미를 파악하는 습관을 들이면, 독서 속도가 상당히 빨라져서 시간도 절약된다.

하쿠호도(일본의 광고대행사) 정보사업 개발실장인 오가와 아키라 씨는 신문을 읽을 때, 표제만을 훑어보고 빠른 시간 내에 대강의 의미를 파악하는 방법을 쓴다. 이런 식으로 하여 10분 동안 10종류의 신문을 읽는다고 한다. 이것은 상당히 흥미로운 방법이다.

그렇다고는 하나 자택에서 10종류의 신문을 구독하는 것은 경제적으로 부담스럽다. 그래서 우선 3종류의 신문을 구독할 것을 권유하고 있다. "술값에 비한다면 신문은 대수롭지 않은 가격입니다. 신문을 선택할 때는 일반신문 하나에 전문지 하나, 그 외에 자신이 좋아하는 분야의 신문을 구독하는 것이 좋습니다."

그리고 또 한 가지 독특한 방법을 소개하고자 한다. 아침식사를 하면서 신문을 읽는 사람들이 많은데, 그보다도 식사가 끝난 뒤 의자에서 일어나서 읽는 편이 더욱 효과적이라는 것이다.

선 자세라면 신문을 빨리 넘길 수도 있고, 조금 멀리 떨어져서 보면 큰 표제만이 보이기 때문이라고 한다.

오가와 씨는 또한 "이렇게 하면 3종류 신문을 10분 만에 볼 수 있어요. 이렇게 대강 읽더라도 틀림없이 몇 가지 흥미로운 기사를 발견하게 되지요. 좀 더 자세히 읽어야 할 기사가 있다면 회사에 가도 신문이 있으니 출근한 뒤 천천히 읽으면 됩니다"라고 덧붙였다.

과연 광고회사 직원다운 발상이며, 이 방법은 사회풍조나 요즘 추세를 파악하는 데 상당한 효과를 발휘하리라 생각한다.

- 매체의 종류에 따라 정보를 받아들이는 방법과 종류도 달라진다. 그 특성을 파악해놓으면 효율적으로 정보를 수집할 수 있다.

출근 전 한 시간

요즘 출근 전에 스포츠센터나 영어 학원, 컴퓨터 학원에 다니는 사람이 많아지고 있다. 네트워크시대를 맞아, 아침식사를 겸한 스터디 모임이나 정보를 교환하는 모임도 활발해지고 있다. 이것은 몸과 마음이 상쾌한 아침시간을 자기실현에 투자하고 싶다는 욕구가 표출된 것으로, 시간 활용이라는 점에서 상당히 합리적인 방법이다.

다이이치칸교 은행의 '시간활용법 비교조사'를 보더라도, 출근 전에 뭔가 의미 있는 일을 하는 사람은 일본인 직장인의 6.7%, 외국인 직장인의 19.3%였다. 너무 적다고 생각하는 사람도 있을지 모르지만, 고도 성장기에는 생각조차 할 수 없었던 현상인 만큼 최근에 새롭게 나타난 경향으로 해석해야 한다.

출근 전에 하는 활동으로 스포츠가 가장 많은 비율을 차지하고 있는데, 일본인 직장인의 60%, 외국인 직장인의 60.3%였다. 스포츠 종류로는 일본인 직장인의 경우, 조깅, 검도, 골프, 수영, 체조 등이었고, 외국인 직장인은 조깅, 수영, 체조, 에어로빅, 스쿼시, 스트레칭, 테니스 등이었다.

그 외에 일본인 직장인이 하고 있는 활동으로는 '영어 이외의 외국어 회화'(20%), '영어회화'(10%), '스터디 모임'(10%) 등이 있다. 외국인 비즈니스맨은 스포츠 다음으로 '외국어 회화'(48.3%)가 많은 비율을 차지하고 있으며, 그 외에 '스터디 모임'(8.6%), '컴퓨터 등의 강습회'(6.9%) 등에 시간을 투자하고 있다.

물론 '회사 동료가 영어 공부를 하고 있으니 나도 해야겠다'며 라이벌 의식을 가질 필요는 없다. 자기 나름대로 하고 싶은 일을 선택하면 된다. 그것이 자기계발을 위한 스터디 모임이라면 인맥도 새롭게 넓힐 수 있고, 언젠가는 직장에서의 업무에도 도움이 될 것이다.

샐러리맨의 경우 매일 아침에 해야 한다면 부담을 느낄 수도 있다. 일주일에 한두 번으로 정하고, 업무에 지장을 주지 않는 범위 내로 제한한다. 스포츠에 모든 체력을 소모하는 바람에 중요한 업무에서 실수를 한다면 그 활동이 무의미해질 뿐 아니라 자신에게 큰 손실을 입힐 수도 있다.

• 자기계발이 업무에 방해된다면 귀퉁이 시간을 헛되이 보낸 것이다.

마감 시간을 설정하자!

마감시간이 없으면 좀처럼 진행되지 않는 일이 있다. 만약에 '언제라도 괜찮다'고 한다면 눈앞의 급한 일에만 쫓겨서 그만 나중으로 미뤄버린 채, 결국 '못했다'고 말하는 경우가 빈번할 것이다. 물론 마감시간을 설정할 수 없는 일도 있다. 하지만 아무리 그렇다 하더라도 마무리되어야 할 기한이 없다면, 일을 완성하기까지 얼마의 시간이 걸릴지 모른다. 어떤 일이라도 시간을 효과적으로 활용하고, 또 새로운 시간을 만들려면 스스로 마감시간을 설정하는 것이 좋다.

이 책의 원고도 '언제까지'라는 마감날짜가 존재한다. 그렇기 때문에 나도 바쁜 시간을 쪼개서 그 마감날짜에 맞춰 진행시킬 수 있는 것이다. 이번과 같은 경우는 일을 시작하기에 앞서 출판사 측과 나의 스케줄을 맞춰 마감일을 설정하였다. 그런데 어느 정도 큰 틀만 정해져 있고, 세부적인 항목은 스스로 관리하면서 일을 진행해야 할 경우에는 과연 어떻게 하는 것이 좋을까?

이때도 물론 독자적인 마감시간을 설정하는 것이 좋다. 그 때 주의해야 할 점은 마감시간을 여유롭게 설정하지 않는 것이다. 오히려 거의 여유가 없을 만큼 빡빡하게 잡는 편이 좋다.

왜냐하면 마감시간을 설정하면 긴장감과 집중력이 향상되어 능률적으로 업무를 완수해 낼 수 있기 때문이다. 시간적으로 여유가 있으면 '빨리 해야지' 하는 마음이 생기지 않아 긴장감도 집중력도 생겨나지 않는다.

예를 들어 일반적으로 10분 정도 걸리는 일이 있다고 하자. 이러한 일이 6개 있다면 1시간이 걸리게 되는 셈이다. 그렇지만 한 가지 일을 8분 만에 마무리 짓도록 속도를 높여 보자. 일을 시작하기 전, '이 일은 8분 안에 끝내자' 라며 마감시간을 스스로 설정해 두는 것이다.

그렇다면 6개의 일이 48분 만에 마무리된다. 그 결과 12분이라는 새로운 시간을 얻을 수 있다.

'뭐야, 고작 12분이잖아' 라고 말해서는 안 된다. 이러한 평소의 습관이 1달, 1년, 5년, 10년으로 연장되면 수십 시간이 된다. 이 차이는 결코 작은 것이 아니다.

하지만 너무 무리해서 시간을 단축하면 실제로 달성하는 것 자체가 불가능해질지도 모른다. 지극히 사소한 목표라도 그 목표를 달성하기만 하면, 그 다음 단계로 나아갈 의욕이 용솟음치는 법이다. 이것이 바로 인간이 지닌 신비함이다. 그렇지만 반대로 달성하지 못한다면 의기소침해지기 쉽다. 그 상태가 더욱 피로를 느끼게 하고, 다음 일에도 영향을 미칠 수 있다.

그러므로 실천할 수 있는 마감시간을 정하되 좀 **빡빡**하다 싶을 정도로 정하여 일의 효율을 높이는 지혜가 무엇보다 필요하다.

- 처음 해보는 일은 빨리 하는 것보다 정확하게 하는 데에 더 애를 쓸 수밖에 없다. 하지만 빠르면서도 정확하게 일을 처리하는 사람이 능력 있는 사람이다. 일에 익숙해질수록 그런 능력을 갖추어야 한다.

집중력 분산하기

인간의 집중력에는 한계가 있다. 그러므로 일이나 공부 등 장시간에 걸친 작업은 어느 정도 시간을 나누어 사용함으로써 리듬감을 주어 순조롭게 진행시켜야 한다. 미국의 능률연구가 M. J. 라일리는 실험을 거듭한 결과, 인간이 최대한으로 주의력을 집중시킬 수 있는 시간은 25분이라고 보고한 바 있다.

그렇다고 해서 25분 동안을 집중해서 일하고 남는 시간을 무료하게 보낼 수는 없다. 저술가로서도 유명한 미국의 다니엘 폴링은 시간을 두 배 이상으로 유용하게 사용할 수 있는 '1일 15분 분할법' 이라는 비법을 터득했다.

그의 방법은 이렇다. 우선 하루를 15분씩으로 나누어 각각의 15분 동안

해야 할 일을 일람표에 작성하는 것이다. 이 방법을 몇 년 동안 실천한 결과, 적어도 20분에서 30분은 걸릴 것으로 판단했던 작업을 단 15분 만에 완수할 수 있게 되었다.

그 자신조차 "집중력을 분산시켜 활용했을 뿐이다"라고 말했을 정도로 지극히 단순한 방법에 지나지 않는다. 하지만 결과적으로 어떻게 되었을까? 그는 매일 1시간에서 2시간 정도의 여유 시간을 만들어낼 수 있었다. 이것은 상당히 매력적인 방법이다.

같은 일을 몇 시간이고 계속하다 보면 결국은 집중력이 저하되므로, 15분씩 나누어 전혀 다른 종류의 일을 사이사이에 끼우면 일의 능률이 한층 더 높아질 수 있다.

- 집중력이 모자란다고 하소연하는 사람이 있다. 일단 자신이 최대한 집중할 수 있는 시간은 얼마나 되는지 아는 것이 급선무! 프로세스마다 집중할 수 있는 시간 내에 마무리한다는 생각으로 진행해보자.

출근시간, 지하철 안에서는?

손 하나 꼼짝하기 힘든 지하철 안에서 책을 읽기란 사실 불가능한 일. 운전대를 잡은 사람은 더더욱 그렇다. 하지만 꼭 책을 읽을 필요는 없지 않은가. 자신이 좋아하는 일 중 펜과 종이가 없어도 가능한 일을 설정하면 된다.

음악을 들으며 오늘 할 업무 스케줄을 머릿속에 그려보는 것은 어떨까? 영어공부를 하고 있다면 MP3 플레이어로 원어발음을 들으며 스펠링을 떠올려도 좋을 것이다.

거창하게 성공시켜야 하는 과중한 아이템은 금물. 어디까지나 출근 시간은 사무실에 들어가서 업무에 뛰어들 준비를 하는 시간이다. 맑은 정신과 유쾌한 기분으로 사무실에 들어갈 수 있도록 귀퉁이 시간을 사용해야 할 것이다. 그러기 위해서는 출근시간 또한 '계획'이 필요하다.

귀퉁이 시간까지 계획을 해야 하다니 너무 인생을 각박하게 사는 것 아니냐고 반문할지도 모른다. 하지만 1분이라도 제대로 사용하고자 결심했다면 온갖 방법을 동원해봐야 하지 않겠는가.

정답은 없다. 자신에게 맞는 시간 활용법을 설정하는 것이 급선무다.

⊙ 출근 시간 30분 활용하기

• 마우스를 많이 쓰는 K씨는 출근 시간 버스 손잡이로 손가락 운동을 한다.
• 외국어시험을 준비하는 P씨는 운전하는 동안 MP3로 원어민 회화를 듣는다.
• 종점에서 버스를 타는 L씨는 출근 시간 동안 모자란 잠을 보충한다.
• 자기계발서를 즐겨 읽는 M씨는 출근 시간 지하철에서 e-book을 읽는다.

회의는 짧게, 내용은 충실하게

비즈니스맨은 회의나 미팅을 할 기회가 매우 흔하다. 짧은 시간에 깊은 내용이 논의되는 회의라면 좋겠지만, 중요한 내용도 없으면서 두세 시간 동안 계속되는 회의는 시간 낭비의 원흉이며 '칼퇴근'의 강적이다.

올림픽이 처음 창설되었을 무렵에는 '참가하는 데 의의가 있다'고 했었지만, 지금은 시대가 바뀌어 '메달을 따는 것'이 지상목표처럼 되어 버렸다. 그 때문에 세계 각국에서는 막대한 비용을 들여가면서 선수들을 키우는 데 여러 가지 비책을 궁리하게 되었다.

하지만 시대의 변화에는 아랑곳하지 않고, 오로지 한다는 데에만 의미를 두고 쓸 데 없이 많은 시간을 회의로 허비하는 곳이 아직도 많다.

샐러리맨들에게 물어보면, 장시간 회의할 경우 중요한 의제에 관해서 의견을 교환하는 시간은 극히 일부분에 불과하고, 그리 중요하지도 않은 일에 관해서 주절주절 이야기하고 있는 시간이 압도적으로 많다고 한다.

회의나 미팅을 효율적으로 진행하려면 개시시각과 종료시각을 명확하게 설정하는 것이 중요하며, 또 각각의 의제마다 미리 시간을 배분해 두어야 한다.

특히 시작이 중요하다. 정해진 시간에 전원이 모여서 모두 한마음으로 집중한다는 마음가짐이 중요하다. 결국 이처럼 참가자 전원의 호흡이 조화를 이루면, 하나의 리듬이 생성되어 회의나 미팅도 순조롭게 진행된다.

그러나 시간관념이 희박한 단 한 사람이 10분, 15분 정도 늦었다면, 모두가 회의에 집중하지 못하고 초조해지거나 전체적인 분위기가 해이해진다. 제 시간에 도착한 사람들이 그만큼 시간을 낭비함은 물론이다.

한 사람이 지각함으로써 6명이 10분씩 기다렸다면, 합계 60분, 즉 1시간이라는 타인의 시간을 빼앗은 셈이다. 자신의 시간을 낭비하는 것도 모자라 타인의 시간까지 빼앗아서는, 주어진 시간을 세 배로 활용한다는 것 자체가 불가능하다. 그런 사람은 시간감각이 전혀 없는 사람이다.

할인마트에서는 상품가격을 '980원', '1,350원' 등으로 책정하여 고객의 구매 욕구를 부추기는 데 실제로 그 효과는 상당히 크다고 한다.

이처럼 주의를 촉구하는 의미에서 회의 개시시각을 '1시 15분'과 같이 설정하는 것도 지각을 방지하는 효과가 있다.

또한 각각의 의제에 시간을 할당하는 식으로 진행하면, 의제에 따라서는 시간이 부족한 경우도 분명 생길 것이다. 그럴 때는 토의하고 싶은 내용이나 문제점 등이 실려 있는 자료를 미리 배포하고, 참가자의 의견을 모아두는 것도 좋은 방법이다. 그리고 본회의에서는 간단한 질의응답만으로 마무리를 짓고, 바로 그 자리에서 결의할 수 있도록 한다.

다음에 따로 시간을 내어 다시 검증해야 할 사항은 상당히 중요한 의제만으로 제한하고, 일반적인 의제에 대해서는 즉시 결정할 수 있도록 하면 시간 낭비를 막을 수 있다.

그 외에 가설을 세워서 서로의 의견을 교환하는 경우도 더러 있다. 이것도 시간 낭비에 해당한다. 상세한 자료가 있어야만 결론이 날 수 있는 사항의 경우, 자료를 수집한 후에 검토하여 결의하면 시간을 절약할 수 있다.

- 회의가 업무 시간의 대부분, 특히 개인적인 능률시간대를 몽땅 할애해야 한다면 곤란하다. 회의란 의견 교환과 힌트를 얻는 시간. 적절한 시간대에 속도감 있게 진행시켜야 한다.

정리하는 습관이 시간을 번다!

시간 낭비인 줄 뻔히 알면서 오래된 습관을 버리지 못해, 쓸 데 없는 일을 반복하는 사람이 있다. 쓸 데 없는 데 시간을 낭비하지 않으려면, 우선 자신의 책상 주위를 깨끗이 정리 정돈해야 한다. 당장 필요한 자료를 어디에 두었는지 모른다면, 그것을 찾기 위해 아까운 시간과 노력을 들여야만 하기 때문이다. 그만큼 다른 일에 투자해야 할 시간이 줄어드는 셈이다.

솜씨 좋은 요리사는 요리를 하면서 불필요한 재료나 도구를 즉시 정리하는 습관이 있다. 정리의 가장 중요한 포인트는 불필요한 물건을 주위에 두지 않는 것이다. 반대로 말하면 주변에는 꼭 필요한 물건만 둬야 한다. 이렇게 하면 일도 척척 진행될 것이다.

필요한 물건도 사용하는 빈도수에 따라 단기, 중기, 장기로 나누어 정리하는 것이 좋다. 예를 들어 단기라면 당일에 사용하는 자료나 즉시 처리해야 하는 서류 등, 중기라면 가끔 이용하는 자료나 한 달 정도 기간을 두고 검토할 기획서 등, 그리고 장기라면 1년 정도 보관해야 할 서류나 참고자료 등, 이런 식으로 구분하여 정리하는 것이다.

책상 서랍이나 서류함도 그렇게 구분하여 사용하면 필요한 서류나 자료를 즉시 찾을 수 있으므로, 여기저기 서류를 찾아 헤매면서 시간을 낭비하지 않아도 된다. 매일같이 일을 하다 보면 책상 위는 점점 어질러지기 마련이고, 어느새 자료나 서류도 눈덩이처럼 불어난다. 언제나 쾌적한 환경 속에서 기분 좋게 일하려면, 책상 위를 깨끗이 유지하고 서랍이나 서류함도 깔끔하게 정리해야 한다. 자료나 서류가 지나치게 많아지면, 어디에 무엇이 있는지조차 파악하지 못하는 경우가 종종 있다. 그러므로 평소에 자신의 주변을 정리해 두는 것이 중요하다.

필요 없는 서류를 책상 깊숙한 곳에 보관해 두는 것은 어리석은 짓이다. 매일은 못하더라도 적어도 일주일에 한 번은 책상 서랍이나 서류함을 점검하여 불필요한 것은 버리도록 한다. 또 자료의 이용 빈도수를 체크하여 구분을 변경하는 것도 필요하다.

- 현대는 정보화 사회. 일의 승패는 정보력에 달렸다.

근무시간 요리법

샐러리맨은 아침부터 저녁까지 꽤 많은 시간을 구속받고 있다. 그것이 8시간인 사람도 있고 10시간 이상인 사람도 있을 것이다.

하지만 그 구속된 근무시간을 어떻게 사용하는가에 따라 업무의 진행 상태나 결과물이 확실히 달라진다.

그렇다면 근무시간을 효과적으로 활용할 수 있는 방법에는 어떤 것이 있을까? 아래에 열거한 몇 가지 방법을 읽어보면 누구라도 공감할 것이라 생각한다.

① 하루하루의 스케줄을 꼼꼼하게 관리한다.

② 작업을 효율적으로 분담한다.

③ 자료나 서류를 활용하기 쉽도록 깔끔하게 정리한다.

④ 일에 대한 목표를 세운다.

⑤ 업무의 목적을 정확히 이해한다.

⑥ 의사결정을 신속하게 한다.

⑦ 사무처리 능력을 높인다.

⑧ 팀워크를 강화한다.

⑨ 전화로 이야기할 때는 꼭 필요한 내용만 간결하게 이야기한다.

⑩ 명령 전달경로를 되도록 간략화 한다.

⑪ 회의는 최대한 짧게 하고, 쓸 데 없는 회의를 없앤다.

⑫ 공사를 구별한다.

⑬ 비즈니스 수단을 효과적으로 이용한다.

⑭ 불필요한 출장이나 방문을 줄인다.

- 직장인은 직장에서 24시간의 대부분의 시간을 할애한다. 그러므로 직장에서의
  시간관리가 하루를 좌우하게 된다.

큰 케이크는 쪼개어 먹자!

Design 'One Minute'

대형 프로젝트나 장기간에 걸쳐 처리해야 할 업무는 한꺼번에 하려고 생각하면 괜히 초조해져서 순조롭게 진행되지 않는다. 특히 어디서부터 시작하면 되는지 판단이 서지 않아, 이것저것 조금씩 손을 대다 보면 시간을 헛되이 쓰게 되는 일도 많다.

이럴 때는 업무를 세분화하여 하나씩 마무리 짓는 방식으로 처리하라. 몇 부분으로 나누어 보면 업무의 세부까지 보이게 되고 전체상도 점점 선명해진다. 그렇게 되면 앞일에 대한 걱정도 사라지고 착실하게 나아갈 수가 있다.

요즘은 회사 내부 조직을 '분할형 조직구조' 로 구성하려는 움직임이 나타나고 있다.

아직도 대기업 같은 곳은 거의 대부분이 '피라미드형 조직구조'이며, 제일 위에 회장이 있고 그 아래로 사장, 부사장, 전무, 상무가 있다. 임원 중에는 본부장을 겸임하는 사람도 있으며, 그 아래로는 부장, 차장, 과장, 계장 등으로 이어진다.

아직은 대기업뿐만 아니라 중소기업도 이런 구조를 채택하고 있는 곳이 대부분이다.

그러나 대규모 조직에서는 하루에도 몇 번이나 크고 작은 회의가 열리고, 결제를 위해 도장이나 사인을 받아야 할 때도 많다. 결국 판단이나 의사결정이 신속하게 이루어지지 않는다는 말이다.

세상이 급격하게 변화하고 있는데, 이래서는 도저히 그 변화에 따라갈 수 없다.

요즘처럼 변화가 심한 시대에서는 재빨리 대응하는 것만이 살길이며, 기획결정에 있어서도 빠른 시일 내에 결단을 내리고 곧바로 실행에 옮겨야만 된다.

그런 이유에서 분할형 조직구조를 채택하는 회사가 늘어나고 있다. 즉 소그룹으로 나누어 기동성과 집중력을 높이는 것이 목적이다.

한 사람의 리더가 인솔할 수 있는 부하의 수는 14~15명이라고 한다. 이 정도 인원이라면 한 사람 한 사람의 특성을 잘 파악하여 활용할 수 있다. 작은 '분할형 조직구조'가 늘어나는 데에는 이러한 이유도 한몫하고 있다.

이 분할의 발상을 업무에 도입해 보라.

예를 들어 대형 프로젝트를 10개로 세분화하여 한 가지를 하루 만에 처리한다고 목표를 정하면 열흘 만에 완수할 수 있다.

하루하루 지남에 따라 성취감을 맛볼 수 있으며, 처음에는 어렵다고 생 각한 일이라도 이외로 쉽게 처리해 갈 수 있을 것이다.

- 어느 프로젝트든지 계획과 프로세스가 필요하다. 큰 프로젝트일수록 체계적인 계 획과 빈틈 없는 일정, 꼼꼼한 프로세스를 세워야 하는 것은 당연한 일!

수퍼맨도 도움이 필요하다!

혼자 힘으로 모든 일을, 그것도 완벽하게 하려는 사람이 있다. 그 사람의 오래된 습관이므로 좀처럼 고치기 힘든 경우가 많은데, 하지만 이러한 습관은 실제적으로 시간을 낭비하는 결과를 낳게 될 뿐이라는 점을 명심해야 한다. 세밀하게 신경 쓸 수 있으며 마무리했을 때 만족감을 맛볼 수 있다는 장점이 있긴 하지만, 비즈니스는 예술작품이 아니다.

회사의 전체적인 업무 흐름과 개인적인 처지를 감안해도 혼자 모든 일을 처리하는 것은 비효율적이며, 효율이 떨어지면 좋은 결과를 기대할 수 없다. 그것이 바로 비즈니스맨의 일인 것이다.

그러므로 헛된 노력에 시간을 허비하지 말고, 시간을 최대한 활용할 수 있는 방법을 궁리해야 한다. 바꿔 말하면 '내가 아니면 할 수 없는 일'과 '타인에게 맡길 수 있는 일'을 분류하여, 누군가에게 맡길 수 있는 일은 망설이지 말고 맡겨야 한다.

물론 분류 기준을 정확하게 인식하는 것도 중요하다. 내가 아니면 안 되는 일을 누군가에게 맡긴다면, 그 일이 제대로 진척되지 않아 시간만 낭비할 수도 있다. 반대로 타인에게 맡길 수 있는 일인데도 혼자서 다 떠맡아 버리는 것만큼 어리석은 일도 없다.

업무의 흐름이나 과정을 완벽하게 파악하고 있다면 이런 실수는 하지 않을 것이다.

문제는 타인에게 일을 부탁할 때 어떤 태도를 취하는가이다. 설명도 제대로 하지 않고 "이 일을 마무리 지으세요"하고 맡긴 뒤, 나중에서야 "이게 도대체 뭡니까?"라고 질책한다면 도저히 좋은 방향으로 나아갈 수 없다.

실수 없이 일을 정확하게 처리하려면 업무의 목적이나 방법을 꼼꼼하게 설명해야 한다. '하나하나 설명하지 않아도 보면 알겠지'라고 생각하며 그 과정을 무시해서는 안 된다. 설명하는 시간을 절약했다 하더라도 나중에 완성된 일이 만족스럽지 못해서 다시 해야 한다면, 시간적 손실은 두 배로 늘어난다.

그러므로 조금 귀찮다고 생각되더라도 꼼꼼하게 설명한 후에 의뢰하는 쪽이 결과적으로 시간을 절약하게 되는 것이다. 또한 언제까지라고 기한을 정하는 편이 좋다.

믿고 부탁했는데 그 기한이 지나서야 "열심히 했지만 마무리 짓지 못했습니다"라는 말을 들었을 때는 정말 곤란하다. 처음부터 못한다고 거절했더라면 다른 사람에게 부탁할 수도 있었을 텐데 말이다. 그런 의미에서 누구에게 맡기는가를 결정하는 것도 상당히 중요한 포인트라 할 수 있다.

반대로 자신이 부탁받는 상황에 처할 수도 있다. 그럴 때는 되도록 빨리 처리하는 것이 좋다.

설명할 필요도 없이 'business^{비즈니스}'란 'busy^{비지}', 즉 '바쁘다'의 명사형이다. 그만큼 신속하게 처리하는 것이 중요하고, 그렇게 함으로써 신용도 높아져서 자신을 둘러싼 여러 가지 일들이 순조롭게 진행될 것이다. 결국은 시간을 단축시키는 데에도 도움이 된다.

- 과중한 업무를 혼자 처리하려다가 건강이 나빠지면 혼자 처리한 일들이 무용지물! 일을 부탁하는 것은 절대 자존심 상하는 일이 아니다.

머리를 모으면 시간이 단축된다!

'다른 사람에게 부탁할 수 있는 일은 그리 많지 않다'고 말하는 사람도 있을 것이다. 그런 사람에게는 업무 리스트를 작성하고 맡겨도 되는 일은 무엇과 무엇이 있는지 하나하나 체크해 보라고 권하고 싶다. 우선 주제를 검토하거나 뭔가를 결정해야 하는 일은 당연히 직접 해야 한다.

그러나 필요한 자료나 실제적인 데이터를 수집하고, 그것을 어느 정도 정리하고 분석하는 일은 타인에게 충분히 부탁할 수 있는 일이다. 물론 이런 일 외에도 자신이 직접 하는 것보다 타인에게 맡기는 쪽이 더욱 효과적인 일은 많다.

기획서나 원고와 같은 문서 초안도 경우에 따라서는 맡길 수 있다. 혹은 회의나 미팅도 자신이 직접 참가하지 않아도 될 때가 있다. 그럴 때는 누군가에게 대리참석을 부탁하라.

더욱 적극적인 의미에서 타인에게 일을 맡겨야 되는 상황도 있다. 더욱 중요한 일을 위해서 충분한 시간을 만들어 두어야 할 때나, 다른 업무를 인수하기 위해서 일부분을 타인에게 맡기는 경우이다. 혹은 후배를 키우기 위해서 자신의 일을 돕게 하거나 일부분을 맡기기도 한다.

보라, 타인에게 맡길 수 있는 일이 얼마나 많은가? 직종에 따라 맡길 수 있는 일의 종류나 범위는 달라지겠지만, 어쨌든 모든 일을 혼자 다 해야 하는 것은 아니다.

자신의 업무를 점검하여 선별하는 일부터 시작해보라. 그리고 업무의 일부를 타인에게 맡기고 시간을 더욱 적극적으로 활용하도록 해야 한다. 그러면 전체적인 업무가 효율적으로 진행될 수 있을 것이고, 당신은 더욱 중요한 일에 집중할 수 있다.

- 일을 시킨다고 생각하지 말고 부탁하자! 선배의 위치라도 일을 시키게 되면 제대로 된 도움을 받을 수 없다. 서로 동등한 입장에서 혼자서 버거운 일을 나눈다고 생각하자!

Design 'One Minute'

가족도 훌륭한 비즈니스 파트너

혼자서 많은 일을 떠안고 '시간이 없다'며 분주하게 보내는 사람이 적지 않다. 바쁘게 움직이다보면 지혜도 생겨나고 시간을 활용하는 방법도 자연스레 터득할 수 있다는 말에는 틀림이 없다.

그러나 아무리 노력해도 혼자서 할 수 있는 일에는 한계가 있다. 그러므로 해야 할 일은 너무 많은데 시간이 부족할 때는 누군가에게 도움을 받을 수밖에 없다. 결국 누군가의 시간을 대신 사용해야 한다.

회사 업무라면 적당히 분담하여 부하 직원에게 맡긴다. 이것이 가장 일반적인 방법이다.

더욱 좋은 방법은 비서를 두는 것이다. 비서가 있다면 일상적인 업무를 순조롭게 진행시키면서, 그와 동시에 자신의 시간을 유용하게 활용할 수 있다.

예를 들면 신문기사를 발췌하거나 필요한 잡지 기사를 읽고 중요한 부분을 요약하는 등의 사소한 일을 부탁할 수 있다. 그만큼 자신의 시간을 절약할 수 있으므로 다른 일에 신경을 집중할 수 있다.

하지만 아무리 좋은 방법이라 하더라도 개인이 비서를 두는 것은 그리 쉬운 일이 아니다. 그렇다면 어떻게 하는 것이 좋을까?

생활 속에서 가장 쉽게 적용할 수 있는 방법은 아내나 자녀에게 비서역할을 맡기는 것이다. 그들은 세상에서 가장 훌륭한 어시스턴트^{assistant}이다.

예를 들어 파일링 정도는 기본 양식만 알아두면 누구라도 할 수 있는 일이다. 따라서 매일 아침 신문을 볼 때 필요하다고 생각되는 기사를 펜으로 체크해 두고 이것을 아이들에게 자르도록 부탁하는 것이다.

아내에게는 기사를 하나하나 골라줄 필요는 없다. 예를 들어 유행정보, 주택 등 필요한 주제에 관해 이야기한 후, 발췌해 두도록 부탁하면 되는 것이다.

만약 외국어를 구사할 수 있다면 특정한 잡지를 골라 칼럼 등의 초역을 부탁해도 좋다. 정보 수집이라는 면에서 상당한 도움이 된다.

또 아이가 아직 어리다면, 아내가 유치원이나 초등학교의 모임에 가끔 참석하게 된다. 생활주변의 새로운 이야깃거리, 정보, 상품 지식 등은 아내 쪽이 더욱 풍부할 것이다.

아내로부터 이러한 이야기를 성의껏 듣다 보면, 업무에 도움이 되는 일이나 자신의 시야를 넓힐 수 있는 정보를 얼마든지 얻을 수 있다. 이러한 방법을 적절히 이용하면 혼자서 헛된 노력을 하지 않더라도 얼마든지 시간을 절약하며 유용하게 활용할 수 있을 것이다.

- 신입사원인 경우, 비즈니스 파트너는 주위에 많다. 부모님, 친구, 선배 등 회사 업무에 직접적인 정보를 주지 못하더라도 낯선 회사생활과 업무처리 방법에 조언을 줄 수 있는 주위 사람들은 입사동기 같은 존재들이다.

두뇌의 유연함이야말로

시간을 효율적으로 활용하는 데에

가장 중요한 요소이다.

Design 'One Minute'

Time 03

몸과 머리가 함께 하는 시간관리

| 시간의 달인 두뇌활성화 |

집중력 강화제, 음악

음악은 집중력을 높여주는 데 효과가 있다. 왜냐하면 음악은 인간의 중추신경계를 통해 대뇌를 자극하여, 대뇌 작용을 돕는 역할을 하기 때문이다.

피로는 집중력을 방해하는 최대의 요소다. 누구나 정신적으로 피로를 느끼면 더욱 잡념이 생기게 되고 자꾸만 행동이 산만해지는 경험을 해보았을 것이다. 뭔가를 생각하려 해도 좀처럼 집중할 수가 없다.

그럴 때 의외의 효과를 발휘하는 것이 바로 음악이다. 요즘은 사무실에서도 배경음악을 틀어놓는 곳이 많아지고 있는데, 그것은 음악이 과도한 긴장감을 완화시켜주고 업무 효율을 높이는 효과가 있다는 것이 명확해졌기 때문이다.

그러나 모든 음악이 좋은 것은 아니다. 예를 들어 프랑스의 샹송 가수 다미아가 부른 '글루미 선데이'가 자살을 부추긴다고 하여 금지곡이 되었다는 에피소드는 지금도 많은 사람들이 기억하고 있다. 이렇게 슬프고 우울하게 만드는 음악이라면 곤란하다.

그와는 반대로 왠지 즐거워지거나 기분을 북돋아주는 음악도 있고, 잔잔한 선율이 마음을 편안하게 하여 집중력을 높여주는 음악도 있다. 그렇다면 대뇌 작용을 활발하게 하려면 어떤 음악이 좋을까?

음악요법의 권위자인 도쿄예술대학 명예교수인 사쿠라바야시 히토시 씨는 『머리가 좋아지는 음악활용법』이라는 저서 속에서 이렇게 말하고 있다.

"기분전환이나 단순한 기억을 돕기 위해서는 리듬감 있는 음악이 효과적이다. 구체적으로 왈츠와 같은 경쾌한 춤곡을 추천하고 싶다. 또 어려운 문제에 부딪혔을 때는 집중력이 더욱 절실해지므로, 사색에 빠져들게 만드는 말러의 음악이 좋다."

물론 개개인의 음악적 체험이 다르니, 재즈가 좋다는 사람도 있고 록음악을 즐겨 듣는 사람도 있을 것이다. 핵심은 집중력이므로 자신이 느끼기에 집중이 잘 되는 음악이 있다면 그 음악을 사용하면 된다.

그러나 소리를 너무 크게 하면 일보다는 음악에 집중하게 되므로 역효과를 얻을 수도 있다. 일이나 학습에 열중할 때는 들리지 않고, 집중력이 떨어지면 그때서야 잔잔하게 들릴만한 정도의 음량이 적절하다. 또는 15분 듣고 15분 쉬는 식으로 변화를 주어도 좋다.

이처럼 음악은 집중력을 높여 업무를 효율적으로 진행할 수 있게 도와준다. 참으로 신비한 효과다.

- 부서간에 교류가 많은 직종이면 음악을 들으며 일하기는 어렵다. 전화를 많이 받는 직종도 마찬가지. 집중력을 강화하는 다른 강화제를 찾아봐야 한다.

손에서 탄생하는 아이디어

기획서를 제출해야 하거나 회의시간에 프레젠테이션을 해야 하는 등 샐러리맨에게는 생각해야 할 것이 매우 많다.

뭔가 아이디어를 생각해내야 할 때는 우선 주제와 기간이라는 전제조건이 필요하다. 그리고 생각할 때 허공을 노려보며 머리를 굴리거나 눈을 감고 사색에 잠기는 사람이 있는데, 그보다 손을 이용하여 생각하는 방법을 권하고 싶다.

책상 위에 종이를 펴고 볼펜이나 연필을 손에 든 채, 생각해야 할 주제에 관해 떠오르는 대로 이것저것 적어 보라. 이것이 바로 '손으로 생각하는 방법' 이다.

종이 크기나 쓰는 방법에 구애받지 말고 자유롭게 생각나는 대로 쓴다. 단지 편지를 쓰는 것처럼 연속적으로 쓰거나 붙여 쓰는 것은 그리 좋은 방법이 아니다. 어느 정도 간격을 두고 각각의 단어가 독립된 느낌을 주도록 쓰는 것이 좋다. 그렇다면 B4정도의 크기가 적당할지도 모르겠다.

메모지를 사용하는 경우라면 작은 글씨로 촘촘하게 쓰지 말고, 한 장에 한 단어만을 쓰는 것이다.

신기하게도 단지 머릿속으로만 생각했을 때는 불투명했던 아이디어들이, 이렇게 문자로 나타난 순간 갑자기 구체화되는 것을 느끼게 된다.

'이것과 이것은 대립되고, 이것과 이것은 비슷하다' 라며 그 관계가 보이는 것이다. 이러한 연관성을 선으로 이으면서 하나의 커다란 덩어리로 만들어간다. 이런 작업을 계속하다 보면 몇 가지 아이디어가 떠오를 것이고, 흐릿했던 이미지도 선명해져서 주제에 따른 생각이 점차로 정리된다.

어느 정도 생각이 정리된 상태라면, 처음부터 종이에 동그라미나 네모 등을 그리고 그 안에 단어를 넣거나 그것을 선으로 이어가는 것도 좋은 방법이다. 단지 머리로 생각하는 것에 그치지 않고 이처럼 사고 작업에 손을 동참시킴으로써, 의외로 새로운 발상이 탄생하는 경우가 많다.

생각도 정리되지 않았는데, 처음부터 문서를 만들거나 기획서를 작성한다는 것은 애당초 무리이며, 시간적 손실도 크다. 손으로 쓰는 동안 떠오른 아이디어를 정리해 두면, 기획서 작성 시 비교적 막힘없이 준비할 수 있을 것이다.

손으로 생각하는 것은 시간을 세 배로 활용하는 데 상당히 유용한 방법이다.

그리고 전화를 하면서 볼펜으로 메모지에 뭔가 의미 없는 것을 잔뜩 써 놓는 사람이 있다. 이 행위는 머리와 손이 따로 노는 듯한 느낌을 주지만, 손이 긴장감을 느끼지 않고 여유로운 감각을 유지한다는 점에서 의외의 효과를 얻을 수 있다. 손을 자유롭게 움직이는 훈련이 되기도 한다.

이렇듯 손으로 생각하는 방법을 습관화시키는 것이 좋다.

'손은 제2의 뇌'라는 말이 있듯이, 요즘은 학술적으로도 손이나 발을 적절하게 이용하면 뇌의 작용을 도울 수 있다는 사실이 증명되었다. 적극적으로 '손으로 생각하는 방법'을 이용하면, 업무가 효율적으로 진행됨과 동시에 두뇌도 활성화될 것이다.

- 추상적인 개념을 구체화하면 일은 좀 더 쉬워진다. 어디서나 메모하고 기록하는 습관을 들이는 것이 좋다.

우뇌자극 두뇌활성화

인간의 대뇌는 우뇌와 좌뇌로 나누어져 있고, 각각 다른 역할을 담당하고 있다. 그러므로 이 우뇌와 좌뇌를 잘못 사용하면 시간적 손실이 커진다.

우뇌와 좌뇌가 다른 기능을 가지고 있다는 것을 실험을 통해 처음 증명한 사람은 미국의 로저 스페리Roger Sperry였다. 그는 간질 환자의 치료 연구로부터 대뇌의 기능 분화를 발견하였고, 그 공적을 인정받아 1981년에 노벨 생리의학상을 수상하였다.

그가 발표한 바에 의하면 좌뇌는 언어적, 논리적, 분석적, 대수적인 사고(디지털적 사고)와 행동을 담당한다. 반면에 우뇌는 심상력, 패턴 인식력, 공간 인식력, 도형 인식력, 상상력, 예술적 감각을 관장하고, 직감적,

140

종합적, 기하학적 사고(아날로그적 사고)와 행동을 지배한다는 것이다.

각각 다른 역할을 담당하는 우뇌와 좌뇌. 모든 인간은 이 두 가지 뇌를 동시에 이용하여, 뭔가를 생각하거나 행동하고 있다.

기억을 예로 들어 보면 이해하기 쉬울 것이다. 머릿속에 어떤 정보가 들어오면 좌뇌가 제목을 붙이고, 그 정보를 우뇌가 비디오처럼 녹화한 것이 바로 기억이다.

뭔가를 생각하거나 기억을 떠올릴 때는, 우뇌에 저장되어 있던 여러 이미지들이 서로 연결되고 조합된다. 그리고 좌뇌가 그 새로운 기억에 이름을 붙임으로써 참신한 발상이나 아이디어로 탄생되는 것이다.

또한 우뇌는 왼손의, 좌뇌는 오른손의 근육운동과 밀접한 관계에 있기 때문에 오른손잡이는 좌뇌가, 그리고 왼손잡이는 우뇌가 더욱 발달하는 경우가 많다고 한다.

일반적으로 오른손잡이가 왼손잡이보다 많다. 결국 좌뇌가 우위를 차지하고 있는 사람이 많다는 뜻이며, 또 아무래도 분석적이고 논리적인 사고를 선호하는 경향이 많다는 의미가 되기도 한다.

반면에 직감이나 발상력을 관장하는 우뇌를 자극할 수 있는 기회는 그다지 많지 않다.

그러나 업무 밀도를 높이기 위해서는 어떻게든 우뇌가 활약해 주어야만 한다. 그렇다면 되도록 왼손을 사용하여, 우뇌를 자극하고 활성화시키려는 노력이 필요하다.

방법은 그리 어렵지 않다. 일부러 익숙하지도 않은 왼손으로 밥을 먹거나 글씨를 쓸 필요까지는 없다. TV 채널을 바꾼다든지 전화기 버튼을 누를 때 등 어느 쪽 손을 쓰더라도 상관없는 경우에만 왼손을 쓰면 되는 것이다.

• 왼손잡이냐, 오른손잡이냐에 따라 머리가 좋다, 나쁘다 말할 수는 없다. 좌뇌와 우뇌가 각각 활동하는 영역이 다르기 때문이다.

웃으면 두뇌가 활발해진다!

'웃으면 복이 와요' 라는 말도 있듯이, 웃음은 생활의 윤활유로서 인간에게 헤아릴 수 없을 정도의 이득을 가져다 준다.

먼저 웃음은 두뇌의 활성화에 도움을 준다. 생리학적으로 말하면, 웃을 때 경동맥이 열리고 안면 근육이 활발하게 운동함으로써 혈액이 머리로 원활하게 흘러간다. 그 결과 두뇌가 활성화되는 것이다.

그 이외에도 웃음의 효과에는 더욱 중요한 것이 있다. 웃으면 기분전환도 되고 마음이 한결 가벼워져서 의욕도 용솟음친다. 자신의 기분에 따라 주위 반응이 변하기도 하고 업무의 진행 상태가 달라진다는 것은 누구나 자주 느끼는 일일 것이다.

뭔가 걱정거리가 있거나 불안감 때문에 우울한 기분이 든다면, 일이 제대로 진척되지 않을 뿐 아니라 피로감도 실제보다 더욱 크게 느껴진다. 단시간에 효율적으로 일을 처리하기 위해서는 우선 자신의 기분이 상쾌한 상태여야 된다는 것은 말할 필요조차 없다.

뭔가 좋지 않은 일이 일어날 때마다 타인의 책임으로 돌리는 사람은 항상 불만을 품고 있으므로 기분전환을 하기도 쉽지 않다. 나쁜 일이 생겼더라도 혹은 돌이킬 수 없는 과오를 범하였더라도 '내가 실수했다'라며 깨끗하게 인정하고 반성하면, 의외로 좋은 방향으로 전개되기도 한다.

효율적으로 일을 진행하려면 마음을 항상 평안하게 유지해야 한다. 쉬울 것 같아도 막상 해보면 힘들다. 기분전환을 잘 하는 것도 아주 중요한 능력 중 하나이다.

기분전환을 잘 하는 사람이란 잘 웃는 사람, 즉 자기 기분과 상관없이 웃을 줄 아는 사람을 말하는지도 모른다. 하지만 근무시간에 혼자 해죽해죽 웃고 있다면 '저 사람 좀 이상한 것 아냐?'라는 생각을 하게 만들 수도 있다.

좀처럼 웃을 기회가 없는 사람은 TV의 코미디 프로그램을 보며 큰소리를 내어 웃는 것도 하나의 방법이다. TV를 보더라도 항상 스포츠나 시사 프로그램만 보는 사람이 있다. 그리고 유능한 사람일수록 코미디 프로그램을 경멸하며 하찮게 여기는 경향이 있다. 분명 시시하고 유치하다는 생각이 들 때가 많지만, 가끔은 신선하거나 참신한 아이디어에 놀라는 경우도 있다.

또한 젊은이들의 재치를 배우는 계기가 되기도 한다. 왜 그 프로그램이 인기가 있는지를 생각해 보면, 요즘 추세나 정보를 얻을 수도 있다. 그러므로 코미디 프로그램이라고 해서 무시하거나 비하하기보다, 큰소리를 내어 웃음으로써 두뇌에 새로운 활력을 제공하는 것이 좋다.

• '웃으면 복이 와요'가 맞는 말이다. 웃음은 생활에 활력을 주며 기분을 새롭게 전
  환시켜준다. 웃으며 일하면 일의 능률도 향상되고 대인관계도 좋아지니 복이 되
  는 것이 당연하다.

운동을 하면 두뇌가 깨어난다!

시간을 효과적으로 압축하여 활용하려면 항상 뇌를 맑은 상태로 유지해야 한다.

아무리 완벽하게 준비하고 '열심히 하자!' 라며 파이팅을 외쳐도, 뇌가 둔하게 작용한다면 효율적으로 일을 진행시킬 수 없다. 오히려 같은 자리를 맴돌면서 낭비하는 시간이 늘어갈 뿐이다.

또 컨디션이 좋지 않거나 초조함을 느끼거나 우울한 기분이 들 때는 마치 머리에 먹구름이 잔뜩 낀 것처럼 느껴질 것이다. 이럴 때 뇌의 작용을 활성화하려면 어떻게 하는 것이 좋을까?

비용도 들지 않고 간단하게 할 수 있는 방법으로 걷기를 추천하고 싶다. 요즘 건강을 유지하기 위한 방법으로 걷기 운동이 주목받고 있는데, 단지 건강을 위한 것만은 아니다.

걷고 있으면 근육이 움직이고, 그와 동시에 근육 내에 있는 근방추가 활발해져서 머리가 맑아지는 효과도 있다. 적당한 운동을 한 후, 몸은 힘들지만 머리가 개운해졌던 경험은 누구라도 있을 것이다. 그 순간을 한 번 떠올려 보자.

근방추는 감각기관 중 하나로서, 크기는 2~3.5mm 정도로 작지만 지극히 중요한 역할을 담당하고 있다. 반사신경의 피드백 역할을 하며, 어떻게 행동해야 할지 뇌에 지령을 내린다. 운전을 했던 사람은 몇 년간 운전을 쉬더라도 그 감각을 잃지 않고 언제든지 다시 운전을 할 수 있다. 이것 역시 근방추가 기억하고 있기 때문에 가능한 일이다.

또 한 가지 중요한 역할은 대뇌를 맑게 하는 것이다. 근방추를 늘이거나 수축하면, 그 자극이 신경섬유를 따라 대뇌의 감각기에 도달한다. 그와 동시에 뇌간 중심부에 있는 망양체에도 전달되는데, 망양체는 그 자극을 대뇌 전체에 보내어 대뇌의 의식을 활발하게 한다. 걸으면 뇌의 작용이 활성화된다는 것은 바로 이 메커니즘에 의한 것이다.

졸음을 느끼면 누구라도 하품이 나온다. 하품을 하면 잠깐 동안이나마 머리가 맑아짐을 느낄 수 있다. 하품은 자연적으로 발생하는 심호흡인데, 하품을 하면 입 주위의 근방추가 늘어남으로써 결과적으로 대뇌가 맑아지는 효과를 얻을 수 있는 것이다.

그러므로 두뇌회전이 둔해졌다는 느낌이 들 때, 심호흡을 4, 5회 실시하면 어느 정도의 효과를 볼 수 있다. 또는 힘껏 기지개를 켜거나 하품을 하는 것도 좋다. 그 외에 체조를 하듯이 등을 뒤로 젖히거나 목을 앞뒤좌우로 돌리는 운동, 팔이나 양 무릎을 굽혔다 폈다 하는 운동도 머리를 맑아지게 한다.

이런 방법으로 항상 대뇌를 맑게 유지하면, 시간을 압축하여 업무 밀도를 높일 수 있다.

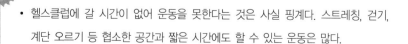

- 헬스클럽에 갈 시간이 없어 운동을 못한다는 것은 사실 핑계다. 스트레칭, 걷기, 계단 오르기 등 협소한 공간과 짧은 시간에도 할 수 있는 운동은 많다.

눈을 움직이면 집중력 향상

집중력만 있다면 시간을 단축하여 업무를 효율적으로 진행시킬 수 있다. 그러나 집중력을 지속시키기란 참으로 어렵다. 그럼 어떻게 하면 집중력을 오래 유지할 수 있을까? 한 가지 방법으로써 눈의 훈련에 대해 소개하고자 한다.

인간은 눈으로 보고, 무의식중에 그것이 무엇인지를 식별한다. 눈을 통해 들어온 정보는 모두 뇌로 전달되고 뇌는 이를 분석한다. 만약 자동차를 눈으로 본다면 위험 신호를 보내고 피하라는 행동지령을 내릴 것이다.

한편 권투선수나 제트기 조종사에게 필요불가결한 조건은 빠른 속도로 움직이고 있는 물체를 순간적으로 파악할 수 있는 능력이다. 이것을 '동체시력' 이라 하는데, 이 능력이 없다면 권투선수나 조종사가 될 수 없다. 물론 이 동체시력은 일상생활에서도 중요한 역할을 담당하고 있다. 더구나 시간과 일에 쫓기는 바쁜 비즈니스맨에게 이 동체시력 단련은 더욱 중요한 요소이다.

그 이유는 무엇인가? 아마 여러분 중에는 '움직이는 물체를 순간적으로 파악할 수 있는 능력이 업무와 무슨 관련이 있단 말인가?' 하고 이상하게 생각하는 사람도 있을 것이다.

그러나 동체시력이 좋아지면 집중력도 배가한다. 그러므로 집중력을 지속시키려면 이 동체시력을 확보하는 것이 좋다. 그 결과 알파파 상태가 되어 두뇌 회전도 빨라지는 것이다.

뇌파의 종류에 알파파가 있다는 것은 이미 잘 알려져 있다. 알파파가 발생하면 의식뇌와 잠재뇌의 경계선이 사라지고 잠들어 있던 뇌력이 의식적으로 흐르기 시작한다. 그리고 축적되어 있던 지식이나 경험이 무의식중에 동원됨으로써 효율적인 사고가 가능해진다. 결국 머리회전이 빨라지는 것이다.

그렇다면 동체시력을 단련하기 위한 방법에는 어떤 것이 있을까? 간단하게 훈련할 수 있는 방법으로는 출퇴근 시간에 전철이나 버스를 타고 있는 동안 창밖으로 스쳐지나가는 간판이나 역 이름 등의 문자를 전부 읽는 것이다.

이처럼 눈 깜짝할 사이에 스쳐지나가는 문자를 읽으려면 눈 근육이 격렬하게 운동해야 한다. 그만큼 눈을 혹사시켜야만 읽을 수 있다. 그러나 걱정할 필요는 없다. 그 정도 운동이라면 가볍게 소화해낼 수 있는 능력을 누구나 갖고 있기 때문이다. 전철 속에서 책을 읽는 것도 좋지만, 서 있는 경우라면 이 방법으로 동체시력을 단련시키는 것도 좋다.

또한 평소에 안구를 빠르게 좌우로 움직이는 일은 거의 없다. 좀처럼 사용하지 않는 근육은 발달하지 못하므로 결국은 퇴화하게 되는데, 이처럼 옆으로 안구를 움직여주는 운동을 하면 상당한 효과를 얻을 수 있다. 시신경은 뇌에 직결되므로 앞에서 소개한 방법으로 눈 근육을 자주 움직이면 뇌에 강한 영향을 주어 활성화될 것이다.

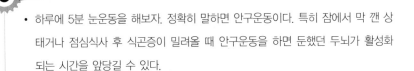

- 하루에 5분 눈운동을 해보자. 정확히 말하면 안구운동이다. 특히 잠에서 막 깬 상태거나 점심식사 후 식곤증이 밀려올 때 안구운동을 하면 둔했던 두뇌가 활성화되는 시간을 앞당길 수 있다.

당신의 두뇌는 지금 활동하고 있습니까?

두뇌도 신체의 일부다. 팔과 다리가 근육을 움직여 활동하는 것처럼 두뇌도 호르몬과 신경작용으로 활동한다. 그런데 두뇌는 본능적으로 게으르다. 피로를 쉽게 느끼며 조금만 활동하면 곧바로 쉬고 싶어한다. 하지만 두뇌도 훈련을 하면 본능적인 게으름을 벗어날 수 있다.

일본의 카와노 임상의학연구소 이사장인 스키야마 다카시築山節는 자신의 저서 「脳がえる15の習慣：記憶 集中 思考力を高める」(뇌가 가지고 있는 15가지 습관：기억, 집중, 사고력을 높인다)에서 올바른 생활습관이 두뇌를 활성화시키는 데 효과적인, 두뇌의 능력을 높이는 15가지 습관을 제시했다.

1. 아침에 깨우는 뇌
2. 시간을 제한시켜 뇌를 통제하자
3. 몸은 잠들어도 뇌는 활동한다
4. 두뇌력을 강화하자
5. 활동규칙과 일정표가 필요하다
6. 주위 환경을 정리하자
7. 눈 운동은 뇌 운동이다
8. 말하고 기록하면서 기억하자

9. 말 잘하는 것도 두뇌력이다
10. 뇌의 정보 구성력은 곧 표현력이다
11. 뇌에 유익한 음식을 먹자
12. 몸 건강을 진단하자
13. 오류 노트를 만들자
14. 내 머릿속에 아이디어 있다
15. 작은 성과에 주목하자

두뇌는 에너자이저

비즈니스맨의 대부분은 두뇌노동자라 해도 좋을 만큼 두뇌를 많이 사용한다. 자신은 그다지 의식하지 않고 있다 하더라도, 업무 순서를 결정하거나 보고서와 기획서를 작성하는 등 두뇌를 사용하는 일이 많은 것만은 사실이다. 더군다나 지금처럼 정보가 범람하고 경쟁이 치열한 사회에서는, 얼마나 많은 지혜를 발휘할 수 있는가가 승부를 결정한다. 이것은 기업이든 개인이든 마찬가지이다.

그럴수록 신경의 기능이 약화되어 정신적 피로를 많이 느끼게 되는데, 정신적 피로는 '두뇌의 피로' 와 '감정의 피로' 로 나눌 수 있다. 간단히 말하면 두뇌의 피로는 뇌의 신피질이 느끼는 피로이고, 감정의 피로는 구피질이 느끼는 피로이다. 같은 것으로 생각하는 사람도 있겠지만, 전혀 그렇지 않다. 두뇌의 피로는 회복하기 쉽지만, 감정의 피로는 좀처럼 회복되지 않는다. 게다가 감정의 피로가 지나치게 쌓여서 노이로제에 걸리는 경우도 비일비재하다. 두뇌를 아무리 많이 사용하고 피로가 쌓이더라도 일단 노이로제에 걸릴 염려는 없다. 그러므로 두뇌 작용을 활발하게 하고 싶다면, 감정을 철저히 배제한 채 두뇌를 열심히 사용하면 된다.

일반적으로 싫어하는 일을 하고 있으면 좋아하는 일을 할 때에 비해서 더욱 피로를 느끼며 그만두고 싶어지는 마음이 생긴다. 반대로 좋아하는 일이라면 흥에 겨워 그다지 피로를 느끼지 않는다. 이처럼 감정에 따라 피로의 정도가 달라지는 것도 결국은 구피질의 작용 때문이다. 어차피 해야 할 일이라면 어떻게 하면 이 일을 좋아할 수 있을까, 어떻게 하면 즐겁게 일할 수 있을까를 우선 고민해 보는 것이 좋다.

조금만 시점을 바꿔서 생각해보면, 어떤 일이라도 그 나름대로의 즐거움이 분명 존재한다. 단순하고 재미없게 느껴지는 일이라도, 다른 일과 비교하지 말고 당분간은 그 일에만 몰두해보자. 기분전환 속도가 빠른 사람은 구피질의 활동이 활발하다고 한다. 이러한 두뇌의 유연함이야말로 시간을 효율적으로 활용하는 데에 가장 중요한 요소이다.

- 자신의 감정상태가 일하는 데 방해가 된다면 빨리 평정을 되찾아야 한다. 감정 절제방법과 스트레스 해소 방법을 개발해보자.

마음 단련은 두뇌 건강의 지름길

모든 일을 신속하고도 효율적으로 처리하려면 역시 '의욕'이 필요하다. 마음이 내키지 않은 상태에서는 업무의 진행 속도가 떨어져서 아까운 시간만 자꾸 흘러갈 뿐이다.

뇌는 구피질과 그것을 둘러싸고 있는 신피질의 이중 구조로 되어 있으며, 각각 다른 기능을 갖고 있다는 것은 이미 설명했다. 구피질은 욕망, 분노, 쾌감, 불쾌감 등의 본능이나 정서와 관련되어 있으며, 신피질은 이성, 지성 등의 고등 정신 작용을 관장한다. 그리고 다른 동물과 비교해 볼 때 인간의 신피질은 월등하게 발달되어 있다. 그런데 '의욕'이나 '흥미'는 구피질의 활력과 같은 것이다. 구피질이 활기를 띠면 기분이 좋아지고 의기충천하여 의욕도 용솟음친다. 그러나 그 반대의 현상이 나타나면 기분이 우울해지거나 자신감을 잃어 의욕도 좀처럼 생겨나지 않는다.

신피질에서 지력을 발휘하더라도 구피질의 상태가 좋지 않으면 충분히 제 기능을 다하지 못한다. 결국 아무리 지력이나 체력이 뛰어나다 하더라도 본능이나 정서가 안정되어 있지 못하면 두뇌 활동도 둔해져 버리는 것이다. 이 신피질과 구피질의 관계는 참으로 신비하여, 신피질을 조절하는 힘은 구피질의 상태에 의해 좌우된다. 그러므로 지력을 향상시킴과 동시에, 어떻게 마음을 안정되고 충실하게 유지할 수 있을지를 생각해야 한다.

불안감이나 걱정거리는 구피질의 활력을 퇴화시켜 마음을 혼란스럽게 만든다. 이렇게 되면 모처럼의 지력도 발휘하지 못하고 업무는 제대로 진척되지 않아 시간적 손실이 늘어나는 결과를 낳게 된다.

따라서 두뇌를 활성화하기 위해서는 구피질을 건강하게 유지하는 것, 즉 마음을 단련시키는 것이 중요하다. 예를 들어 회사에 출근하기 전에 사소한 일로 부부싸움을 했다고 가정하자. 그 일을 계속 마음에 두고 있다 보면, 어떤 계기로 인해 구피질의 작용이 급격히 약화되어 버리는 경우도 생긴다. 되도록 사소한 일에 얽매이지 말고, 편안하고 느긋한 기분으로 생활하는 것이 중요하다. 이것이 바로 두뇌를 건강하게 유지할 수 있는 가장 중요한 방법이다.

• 이미 지나간 일을 계속 생각한다고 해서 해결되는 것은 아니다.

즐거운 상상은 두뇌에 영양제

업무 밀도를 높이기 위해서는 일을 훌륭하게 처리한 자신의 모습을 상상하는 등 성공 이미지를 강하게 지니는 것도 좋은 방법이다. 반대로 기억하기 싫은 과거의 경험이나 중대한 실수를 저질렀던 장면을 떠올리며 마이너스 이미지를 가지는 것은 금물이다.

잠재의식과 행동은 지극히 밀접한 상관관계가 있으며, 잠재의식이 그대로 행동으로 나타나는 경우가 많다. 그러므로 잠재의식에 성공 이미지를 자꾸자꾸 심으면, 그만큼 행동에도 반영되어 업무 밀도도 높아진다.

그런데 잠재의식이란 이미 잘 알려져 있듯이, 겉으로 나타나지 않는 미자각 상태에서 활동하는 의식을 의미한다. 빙산에 비유하자면 수면 아래의 눈에 보이지 않는 부분에 해당하며, 수면 위의 보이는 부분은 현재의식이 되는 것이다.

이 빙산 비유에서도 알 수 있듯이, 우리 인간의 의식 작용 대부분은 수면 아래의 빙산과 같은 잠재의식이다. 자신의 하루 동안의 행동을 되돌아보면 잘 알 수 있을 것이다. 팔짱을 끼거나 눈을 깜빡이는 등 우리들이 취하는 행동 대부분은 무의식중에 이루어지고 있다.

결국 잠재의식이 행동으로 나타나는 것이며, 행동의 90% 이상은 잠재의식이 지배하고 있다. 그렇기 때문에 잠재의식에 더욱 강한 플러스 이미지, 즉 성공 이미지를 심어 두는 것이 중요하다.

시간만 효과적으로 활용한다고 해서 반드시 성공할 것이라고 단언할 수는 없다. 실패했던 일이나 기억하기 싫은 경험을 자신도 모르게 떠올리기 쉬운데, 그 기억에 의해 지배당해서는 절대로 안 된다. 왜냐하면 '나는 안돼!' 라며 스스로를 폄하하는 마음이 앞으로 나아갈 수 없게 만들어 버리기 때문이다.

조금 다른 이야기이지만, 어떤 초등학교 교사는 아이들을 대할 때 "다섯 번을 칭찬하고, 세 번을 가르치며, 두 번을 꾸중한다"고 한다. 또 야구감독으로서도 수많은 실적을 남긴 야구평론가 노무라 가쓰야 씨도 비슷한 말을 한 적이 있다. "우수한 선수를 양성하려면 여덟 번을 칭찬하고 두 번을 가르치는 방법이 효과적이다."

꾸중을 듣는 것보다 칭찬을 받아 기분이 유쾌해지면 능력 향상에 큰 효과를 발휘할 수 있기 때문이다. 이렇듯 능력을 발휘하고 업무 밀도를 높이는 데에 칭찬은 중요한 역할을 담당한다. 칭찬받았을 때의 기분이 성공 이미지로서 잠재의식에 각인되기 때문이다.

그러므로 혼자서 일을 하더라도 "정말 잘 했어", "그 때는 참 열심히 했어. 나도 제법 유능하단 말이야. 이번에도 틀림없이 성공할 거야"라며 자신을 스스로 칭찬하고 격려하라.

이런 마음이 업무 밀도를 높이는 계기가 되고, 성공으로 향하는 열쇠가 된다.

- 즐거운 상상은 구체적일수록 현실에 가까워진다. 잠들기 전 상상의 나래를 잠깐 펼쳐보자. 그 꿈에 한발짝 다가서는 자신을 느낄 것이다.

아침식사는 두뇌에 보약

아침식사를 거르는 사람들이 점점 늘어나고 있다. 요즘은 초등학생의 3분의 1정도가 아침식사를 하지 않는다고 하며, 우유 한 잔과 빵으로 때우는 경우도 많다.

독신 샐러리맨들의 상황은 더욱 나쁘다. 냉장고에 들어있는 것이라곤 오로지 캔 맥주뿐이다. 역 근처에서 김밥이나 샌드위치를 먹을 생각으로 집을 나서지만, 대체로 시간이 없어서 그냥 지나치고 만다. "거래처에서 이야기를 나누는 동안 배에서 꼬르륵 소리가 날 것만 같아 진땀 뺐다"라는 이야기도 심심찮게 들려온다.

뇌는 우리 몸을 구성하는 부분 중에서 가장 에너지를 많이 잡아먹는 대식가이다.

아침식사를 거르고 등교하거나 출근하면, 에너지가 부족하여 뇌의 작용은 더욱 둔화된다. 이래서는 학습이나 일의 효율이 오르지 않는 것이 당연하다.

일본 지치의과대학의 조사에 의하면, 아침식사를 거르는 아이들과 든든하게 먹는 아이들과는 시험 평균점수에서 4점이라는 차이가 발생했다고 한다.

그래서 아침식사를 하지 않는 그룹의 아이들에게 아침식사를 하도록 권장한 다음 며칠 뒤 같은 방법으로 시험을 치르게 했더니, 이번에는 양쪽 그룹에서 거의 비슷한 결과가 나왔다. 예전에 아침을 먹지 않았던 아이들의 성적이 꾸준하게 오른 것이다.

또 다른 실험에 의하면, 식후 2시간이 가장 머리가 맑은 시간이라고 한다. 식후 2시간이라면, 기억과 학습에 관계하는 물질 FGF가 평소의 1,000배에 달한다는 사실이 밝혀졌다.

또 '뇌를 위해서는 하루 세끼를 꼬박꼬박 챙겨먹는 것이 중요하다' 는 이론도 실험을 통해 밝혀졌다.

뇌는 하루에 500kcal의 에너지를 소비한다고 한다. 이것을 포도당으로 환산하면 약 120g이다. 하지만 혈액 속의 포도당은 5g 정도에 불과하며, 우리 몸은 근육이나 간에 글리코겐이라는 형태로 저장하여 필요에 따라 공급하고 있다.

그러나 간의 글리코겐 저장량은 60g 정도로서, 단순계산으로도 하루 두

끼의 식사는 필수적이라는 결론이 나온다.

그 뿐만 아니라 뇌 이외의 기관이 사용하는 포도당도 보충해야 하므로, 하루 세 끼를 섭취하지 않으면 뇌에 필요한 만큼의 포도당을 공급할 수 없게 된다. 그러므로 아침은 꼭 먹어야 한다.

- 아침을 먹지 않던 사람들은 아침 식사를 부담스러워한다. 그럴 때는 적은 양으로 가볍게 아침식사를 시도해보는 것이 좋다. 너무 기름진 음식이나 자극적인 음식은 피하고, 고단백과 적은 양의 탄수화물, 과일을 조금씩 아침식사로 먹으면 점심시간까지 허기지지 않고 일의 능률도 떨어지지 않는다.

잠은 두뇌에 비타민

두뇌 활성화를 위해서 수면을 절대로 간과해서는 안 된다.

수면이란 아무 일도 하지 않고 단지 눈을 감고 시간만 보내는 것처럼 보이기 때문에, 그 시간을 아까워하는 사람도 분명 있을 것이다. 하지만 수면은 시간 낭비가 아니라 지극히 건설적인 행위이다.

인간의 몸에는 질병에 대한 면역력과 치유력이 갖춰져 있으며, 그 힘은 주로 밤에 잠들어 있는 동안 생성된다. 환자 중에 잠을 잘 자지 못하는 사람이 회복도 더딘 이유는 바로 이 때문이다.

또 섭취한 음식물을 체내에 흡수하는 것도 잠들어 있는 동안 이루어지고, 발육 또한 수면 중에 촉진된다.

수면은 질병의 예방이나 치료에도 도움을 주며, 피로를 회복하여 내일을 위한 에너지를 축적시켜 주기도 한다. 피곤한 두뇌를 쉬게 하고 새로운 활력을 생성하기 위해서 수면은 절대적으로 필요하다.

양질의 수면을 취한 후 잠에서 깨어났을 때는 심신이 개운하여 '자, 오늘도 열심히 하자!' 라며 의욕이 샘솟는 것을 느낀다. 반대로 수면 부족일 때는 왠지 기분이 찌뿌둥하고 의욕도 생겨나지 않는다.

수면 부족이 장기간 지속되면 내장을 지배하는 자율신경기능에 불안정한 상태가 나타남으로써, 머리가 무겁거나 한기를 느끼거나 목이 자주 마르는 증상이 나타난다. 따라서 질병에 걸릴 가능성도 높아진다.

이렇듯 수면은 매우 중요하지만 무조건 많이 자는 것이 좋은 것은 아니다. 예를 들어 발명왕 에디슨의 수면시간은 하루에 30분씩 3~4회 정도 잠깐 눈을 붙이는 정도였다고 한다. 특히 세계 최초로 축음기를 발명했을 때는 5일간을 한숨도 자지 않고 작업했다는 에피소드가 전해지고 있다.

그러나 이것은 극단적인 예이므로 아무나 흉내 낼 수 있는 것은 아니다. 일반적으로 6시간 정도의 수면을 취해야 두뇌가 충분히 새로운 활력을 얻을 수 있다.

수면의 효용은 참으로 신비하여, 반대로 너무 많이 자도 머리가 멍해지고 오히려 더욱 피곤을 느끼게 된다. 그것은 운동부족이나 혈액 순환의 악화 등에 의해 신경 작용이 둔해졌기 때문이다.

불면증의 반대 현상인 과면증은 뇌나 뇌막에 병적 이상이 있거나 우울증 등이 원인이 되어 발생한다. 그 외에도 갑상선 기능 장애, 성호르몬 기능 장애, 당뇨병 등이 원인이 되는 경우도 있다. 결국 어떠한 장애가 있으면 수면시간이 길어지는 것이다.

수면의 양이란 잠의 깊이에 시간을 곱한 것으로 규정할 수 있다. 그러므로 깊은 수면을 취한다면 시간은 조금 짧아도 되고, 만약 얕은 잠이라면 시간은 반대로 길어져야 한다.

따라서 장시간 수면을 취해야 한다면 그만큼 얕은 잠을 자기 때문이며, 잠에서 깨어나도 상쾌한 느낌이 들지 않는다. 활력이 새롭게 생성되지 않으므로 머리가 무겁고 개운하지 않다. 이만큼 무의미한 일도 없다.

수면은 양보다 질이 더욱 중요하므로 짧은 시간을 자더라도 숙면을 취해야 한다.

• 잠을 많이 잘수록 머리가 둔해지고 집중력도 약해진다. 적절한 수면시간을 유지해야 두뇌가 건강하다.

뇌의 건강을 지키자!

피로가 과도하게 누적되어 돌연사를 일으키는 중장년층이 많아졌다. '한창 일할 나이에 당한 과로사'라는 표제의 신문기사도 가끔 눈에 띈다. 보통 '일을 많이 한다고 해서 설마 죽기야 할까'라고 생각하기 쉽지만, 피로가 장기간 쌓이면 죽음에 이르게 될 수도 있다. 또한 피로는 업무 중에 정신이 산만해지고 집중이 되지 않는 최대의 원인이 되기도 한다.

뇌의 활동은 자동적으로 일어난다고 생각하는 사람도 적지 않겠지만, 뇌세포가 활발하게 활동하기 위해서는 대량의 영양소와 산소가 필요하다는 것을 알아두어야 한다.

그리고 대량의 영양소와 산소를 소비하면서 상당히 많은 피로가 축적된다. 뇌가 피로하면 당연히 뇌세포도 건강을 잃어 활동이 둔해진다.

그러면 건망증이 심해지고, 의욕이 저하되고, 행동이 산만해지고, 기분이 불안정해지는 등의 증상들이 나타나는 것이다.

이래서는 능률도 오를 수 없고 시간을 효과적으로 활용한다는 것은 불가능해진다.

이 때 필요한 것은 자신이 집중할 수 있는 시간이 어느 정도인지를 완벽하게 파악하는 것이다.

물론 연령이나 생활습관 등에 따라 집중할 수 있는 시간에는 개인차가 있기 때문에 한 마디로 단정하기는 어렵다. 어디까지나 스스로 가능하다고 판단하는 집중 시간이 중요하다.

미국의 심리학자 터먼Terman은 실험을 거듭하여 '지속 가능한 학습시간'을 연령별로 발표하였다. 그 시간은 대략 다음과 같다.

- 3~5세 : 25~30분
- 6~8세 : 31~40분
- 9~12세 : 41~ 50분
- 13~15세 : 51~60분
- 16세 이상 : 61~90분

어떤 일을 집중적으로 할 수 있는 적당한 시간은 60분 정도이고, 길게 잡아 90분까지 가능하다는 이론도 터먼의 데이터에 의한 것이다. 회의나 강연을 60분~90분 정도로 설정하는 것도 이러한 이유에서이다.

• 내 두뇌 나이는 몇일까? 내가 최대한 발휘할 수 있는 집중력을 정확히 알아두자!

적절한 시간 배분

"**다음** 주에는 바쁘니까 이번 일요일엔 미리 많이 자둘 거야"라고 말하는 사람을 흔히 볼 수 있다. 하지만 미리 많이 잔다고 해서 잠이 축적될 리 없고, 또 미리 많이 먹어서 음식물을 몸속에 저장해 둘 수 있는 것도 아니다.

인간에게는 생리적인 리듬이라는 것이 있기 때문에, 그 리듬에 따라야 한다. 그렇지 않으면 언젠가는 몸도 고장을 일으키고 만다.

그러므로 휴식 시간도 없이 일이나 공부에만 매달리는 생활은 '무리' 가 아니라 오히려 '불가능' 에 가깝다. 사흘씩 일주일씩 제대로 자지도 않고 쉬지도 않으면서 일에만 전념하는 생활이 가능할 리 없다.

한 권의 전문서적을 3시간 만에 다 읽으려고 할 때 3시간을 쉬지 않고 집중하는 일이 전혀 불가능한 것만은 아니다. 하지만 그렇게 읽는 것보다 도중에 조금씩 쉬면서 읽는 편이 책 내용을 기억하는 데는 훨씬 효과적이다.

구체적으로 말하면 20분 동안 몰두해서 읽은 후 10분 간을 쉬는 식으로 중간 중간 휴식을 취하는 것이 제일 효과적인 방법이다. 인간의 집중력이란 기껏해야 20분에서 25분 정도밖에 지속되지 않는다. 그 다음부터의 학습효율은 저하되기만 할 뿐, 장시간 계속하더라도 그만큼의 효과는 기대하기 어렵다.

10분 간의 휴식시간 동안 멍하니 창밖을 바라보며 보내는 것도 나쁘지는 않다. 하지만 어차피 아무 일도 하지 않을 거라면, 주위를 정리하거나 가벼운 스트레칭을 하는 등 다른 종류의 활동을 해보는 것도 좋다.

그리고 휴식시간이 끝나면 또 다시 책에 집중하라. 이처럼 나름대로의 리듬을 만들어 시간 활용에 규칙성을 부여하면, 짧은 시간이라도 그 시간에 얻은 정보를 완벽하게 정리할 수 있으며 더욱 많은 것을 기억할 수 있다.

- 무엇이든 적절한 조치가 효과적이다. 지나치거나 모자라면 부작용이 생긴다. 휴식도 적절한 때에 적절한 시간 하는 것이 일의 능률을 높이는 길이다.

세월은 누구에게나 공평하게 주어진 자본금이다.

이 자본을 잘 이용한 사람에겐 승리가 있다.

- 아뷰난드 -

아무런 노력도 하지 않는다면
획기적 발상은 절대로 당신의 집을
방문해 주지 않을 것이다.

Design 'One Minute'

Time 04

머리로 하는 시간관리

| 시간의 달인 발상력 훈련 |

편안한 마음, 번뜩이는 발상

어떤 일을 시작하려고 할 때, 좀처럼 생각이 정리되지 않아 이리저리 고민할 때가 있다. 이럴 때는 시간이 많아도 자꾸 허비만 하게 되고, 시간적 손실이 불어나는 것을 막기가 어려워진다. 아무리 머리를 짜도 좋은 아이디어가 떠오르지 않으면, 초조함이 더해져서 더욱 두뇌회전이 둔해지는 악순환에 빠지고 만다.

하지만 그와 반대로 짧은 시간 만에 순발력을 발휘하여 좋은 아이디어를 얻었다면, 주어진 시간이 몇 배로 불어난다. 따라서 모든 사람이 '번뜩이는 발상력' 을 갖길 원하는 것이다.

발상은 순간적으로 번쩍이는 빛에 비유할 수 있다. 발상의 메커니즘을 확실히 규명할 수는 없으나, 특정한 계기로 새로운 아이디어가 탄생하는 것만은 분명하다.

예를 들면 영국의 수학자이자 물리학자, 그리고 천문학자이기도 한 뉴턴Newton은 사과가 나무에서 떨어지는 장면을 보고 만유인력의 법칙을 발견했다. 그리고 그리스의 수학자 아르키메데스Archimedes는 목욕탕에 들어갔다가 욕조에서 넘쳐흐르는 물을 보고 부력의 원리를 발견했다. 일본의 유명한 서예가인 오노 도후小野道風는 버드나무에 뛰어오르는 개구리를 보고 서예의 참뜻을 터득했다고 한다.

이처럼 어떤 계기를 통해 그동안 생각지도 못했던 아이디어가 순간적으로 떠오른다. 그렇다면 그 계기를 발견할 수 있는 좋은 방법이 없을까?

예부터 사람들은 화장실에 있을 때, 침대에 누워 있을 때, 말을 타고 있을 때 새로운 아이디어가 자주 떠오르고, 발상력이 최대한으로 발휘된다고들 했다. 이 세 곳은 사람들의 마음이 편안해지는 장소이므로, 그만큼 두뇌 회전이 자유롭다는 의미일 것이다.

실제로 유카와 히데키湯川秀樹는 침대에서 중간자이론을 생각해냈으며, 다윈Darwin의 자연도태설은 달리는 마차 속에서 탄생했다고 한다. 그러고 보면 전철을 타고 이동할 때나 목욕탕에 있을 때 새로운 기획이 떠올랐다고 하는 사람을 가끔 볼 수 있다.

사람은 저마다 개성이 다르고, 제 나름대로의 습관이 있다. 그러므로 이 세 가지 장소가 모든 사람에게 효과적이라고 단언할 수는 없으므로 장소에 구애받을 필요는 없다. 좋은 아이디어를 얻거나 발상력을 발휘할 수 있는 장소는 사람마다 다르기 때문이다.

단지 확실히 말할 수 있는 것은 긴장감을 느끼지 않고 마음을 편안하게 유지할 수 있는 곳이야말로 좋은 아이디어를 얻을 수 있는 첫 번째 조건이 된다는 점이다.

- 어느 곳을 가서 마음이 편안해졌다면 그 곳이 바로 발상력을 발휘하기에 좋은 장소다. 그 곳에서는 뒤엉켜 있던 생각을 실타래 풀듯 풀어 다시 감아보자. 골치 아팠던 일의 실마리가 잡힐 것이다.

그곳에 가고 싶다!

아이디어를 얻을 수 있는 곳, 발상력을 발휘할 수 있는 장소에 대해 조금 더 생각해보자.

예부터 화장실, 침상, 말 위(현대라면 전철이나 버스 안)는 뭔가를 생각하기에 좋은 장소로 알려져 있다는 사실은 앞서 언급했다. 그 외에도 다양한 장소가 있다. 창작 관련 직업에 종사하고 있는 사람들로부터 다음과 같은 흥미로운 이야기를 들은 적이 있다.

"아무 생각 없이 산책하고 있는데 순간적으로 좋은 아이디어가 떠오르는 경우가 있어요. 저는 공원 같은 조용한 장소보다 오히려 사람들이 북적거리는 번화가를 아무런 목적 없이 걷고 있을 때, 머릿속의 자욱한 안개가 걷히면서 획기적인 발상이 떠오르는 것을 느끼지요. 아무 생각 없는 편안한 기분과 사람들 틈에서 무의식중에 발생하는 긴장감이 조화를 이루는 거죠. 바로 그 상태가 저한테 자극을 주는 것 같아요."

"아무리 머리를 쥐어짜도 생각이 나지 않아요. 하지만 어떤 순간 갑자기 아이디어가 번뜩이지요. 저는 사람들과 전혀 다른 이야기를 하고 있을 때, 갑자기 참신한 발상이나 좋은 아이디어가 떠오르는 경우가 많답니다. 어떤 메커니즘에 의한 건지 잘 모르겠지만, 이런 것도 습관인 것 같아요."

분명 사람에 따라 발상력이 쉽게 발휘되는 장소나 상황은 다를 것이다. 하지만 일반적으로 말해서 심신이 편안할 때는 일상적인 사고의 틀을 벗어나기 쉬우므로, 두뇌 회전이 빨라져서 예리한 감각을 지닐 수 있게 된다.

뭔가 해결해야 할 문제를 안고 있을 때 혹은 계획을 세우거나 진행 방법을 생각해야 할 때는, 느긋한 기분으로 산책을 하거나 좋아하는 음악을 들으면서 커피를 마시는 것도 좋다.

물론 한 장소만을 고집할 필요는 없다. 만약 과거에 어떤 특정한 장소에서 좋은 아이디어를 얻은 경험이 있다면, 그 곳을 다시금 이용해 보는 것도 좋은 방법이다. 그 장소는 아마도 당신의 마음이 편안해지고 정신집중이 잘 되는 곳이었을 것이다. 그러한 성공 체험이 있는 장소는 이후에도 계속 좋은 아이디어를 얻을 가능성이 크다.

만약 그런 경험이 없다면 자신이 생각할 때 집중이 잘 되는 곳을 찾아라. 좋은 방법이 있다고 해서 누구에게나 똑같이 효과적이라고는 할 수 없으니, 우선 스스로 여기저기 체험해 보는 수밖에 없다. 어수선한 회사, 늦은 오후의 카페, 심야의 조용한 시간, 전철 속 등 다양한 곳에서 시도해 보라.

그래서 좋은 결과를 얻었다면 그 장소나 상황을 몇 번이고 반복해서 사용해 본다. 단지 기다리기만 하면 저절로 떠오를 것이라고 기대해서는 안된다. 자기 나름대로 방법을 찾아 그것을 습관화시키는 것이 중요하다.

- 아이디어를 얻는 자신만의 장소는 직업이나 직종에 따라 다르기 마련이다. 광고를 만드는 사람은 제품이 팔리는 시장에서, 요리사는 다른 음식점에서, 작곡을 하는 사람은 다른 음악인의 콘서트에서 아이디어를 얻기 쉽다.

계속 생각하자!

누구라도 한 번쯤은 순간적으로 좋은 아이디어가 번뜩인 경험이 있을 것이다. 즉 생각지도 않은 참신한 발상이나 기획이 갑자기 떠오르는 순간이다. 그러나 어떻게 그런 생각이 떠올랐는지 설명하라고 하면 난감하다. "그냥 생각났다"고밖에 대답할 수 없기 때문이다.

그렇다면 이런 현상에는 어떤 성질이 숨어 있는 것일까? 곰곰이 생각해 보면 다음과 같은 것을 느낄 수 있다.

- 논리적으로 쌓아올린 결과가 아니라 돌발적으로 일어나는 현상이다. 게

다가 극적인 요소까지 포함되어 있다.

- 순간적으로 좋은 생각이 떠오르긴 했지만, 그것이 어떤 과정을 통해 생겨났는지 도저히 알 수가 없다.
- 획기적인 발상은 어떤 사건이나 꿈, 환상 등을 계기로 탄생하는 경우가 많다.

그 외에도 많지만, 어떠한 경우라도 생각지 못했던 시간, 생각지 못했던 장소에서 발생하는 것만은 분명한 것 같다. 왜 그런 일이 일어나는지 이론적으로 설명할 수 없기 때문에 '좋은 아이디어를 생각해내는 것도 재능 중 하나'라고 믿고 '나는 원래 그런 재능이 없으니까…'라며 포기해 버리는 사람도 많다.

물론 그 방면에서 천재적인 능력을 발휘하는 사람도 분명 있다.

그런 사람은 아이디어를 얻음과 동시에 재빨리 행동으로 옮기고 성공한다. 그런 사람을 보면, 생각 없이 주어진 일만 하는 자신이 한심하게 느껴질 수도 있다.

하지만 발상력은 인간이라면 누구나 가지고 있는 능력이다.

'백조의 호수'나 '잠자는 숲 속의 미녀' 등으로 유명한 러시아의 작곡가 차이코프스키Chaykovskii는 이렇게 말한 적이 있다.

"천재적 발상은 게으른 사람의 집에는 방문하지 않는다. 초대하려는 노력을 기울여야만 찾아오는 법이다."

결국 어떤 것에 지속적으로 몰두하고 노력해야 좋은 아이디어를 얻을 수 있다는 뜻이다. 분명 아이디어란 순간적으로 떠오르는 것이지만, 그것을 자신의 것으로 만들려면 지속적으로 노력해야 한다. 바꿔 말하면 지속적인 노력을 하면 누구라도 좋은 아이디어를 얻을 수 있다는 의미이다.

어떤 아이디어도 결코 '제로'에서 탄생하는 법은 없다. 어떤 선입관이 존재하고, 그 선입관이 잠재의식 속에서 성장하여 갑자기 번뜩이는 것이다. 현재의식에서는 찾아낼 수 없었던 관련성을 잠재의식 속에서 발견한 것이다. 아무런 노력도 하지 않는다면 획기적 발상은 절대로 당신의 집을 방문해 주지 않을 것이다.

그러므로 '나에게는 그런 재능이 없다'고 포기하지 말라. 지속적으로 노력해 스스로 발상력을 발휘할 기회를 만들어라.

- 머리를 쉬게 하지 말자. 끊임없이 생각하자. 발상력은 곧 머리를 쉼 없이 돌리는 체력에서 나온다.

Design 'One Minute'

매일 생각하자!

뭔가에 몰두하면 누구라도 좋은 아이디어를 얻을 수 있다고 설명했다. 도저히 불가능해 보이는 문제라도 일단은 집중하고 몰두하여 매일 그 일에 대해 생각하다보면 어떤 계기를 통해 훌륭한 아이디어가 탄생할 수 있다.

진주왕으로 잘 알려진 미키모토 고키치御木本幸吉 씨에 대해 이야기해 보고자 한다. 그는 진주 수출의 장래성에 착안하고 인공 양식법을 꾸준히 연구했다. 그리하여 1893년에는 반원 진주, 1905년에는 진원 진주 양식에 성공함으로써 세계적으로 유명해졌다.

진주조개 속에 모래가 들어가면 조개가 그 모래를 막으로 둘러싸서 그 위에 진주층을 만든 것이 바로 천연 진주이다. 전 세계의 사업가들은 그 사실로부터 '어떤 모래를 넣으면 조개가 병에 걸리지 않고 빨리 진주를 만들어낼 수 있을까?'를 연구하고 있었다.

예를 들어 조개 속에 유리나 돌멩이를 넣어 실험해 보기도 했지만, 모두 병에 걸려 죽어버리고 말았다. 미키모토 씨는 누구보다도 열심이었고, 항상 시간을 아끼며 연구에 매진했다. 그러던 어느 날 갑자기 이런 아이디어가 떠올랐다.

'진주조개의 껍질로 작은 구슬을 만들고, 그것을 살아 있는 진주조개의 외투막으로 싸서 재빨리 조개 속에 넣어 보면 어떨까?'

그는 당장 실험해 보았고, 결과는 대성공이었다. 병에 걸리지 않고 훌륭한 진주로 성장한 것이다. 시간이 지나고 나면 누구라도 생각해낼 수 있을 것 같지만, 미키모토 씨가 그 아이디어를 생각해내고 성공하기까지는 얼마나 많은 노력이 필요했는지 모른다.

한 가지 일에 몰두하여 꾸준한 연구를 거듭해왔기 때문에 세계적인 발상을 얻을 수 있었다. 이러한 거대한 발견이 누구에게나 찾아오는 것은 아니지만, 한 가지 교훈으로 삼기에는 충분하다.

- 현대의 직장인이면서 한 가지 일만 고민하면 그만인 사람은 아무도 없다. 어느 것 하나 놓칠 수 없다면 많은 일에도 우선순위를 두고 각 일에 매일 할애할 수 있는 시간을 정하자.

뒤집어 생각하자!

발상이나 아이디어는 갑자기 떠오르는 것이다. 비즈니스맨이라면 어떤 부서에서 일을 하더라도 여러 가지 아이디어를 생각해내야 한다.

그런데 중요한 시점에 좀처럼 좋은 아이디어가 생각나지 않아 난처한 상황에 처하게 되는 경우도 많다. '어떻게 하면 좋은 아이디어를 얻을 수 있을까?' 누구나 이런 고민을 해봤을 것이다. 확실히 말할 수 있는 것은 신경이 예민해져 있거나 상식에 얽매여 있을 때는 좋은 아이디어가 쉽게 떠오르지 않는다는 사실이다.

되도록 폭넓게 생각하며 가끔은 발상의 좌표축을 바꿔 보라. 앞으로 나아갈 수 없다면 한 발자국 물러서서 본다. 오른쪽이 아니라면 왼쪽으로 이동해 본다. 이렇게 하면 전혀 새로운 것이 보이거나 상상하지도 못했던 사실을 깨닫게 될 수도 있다.

컵을 예로 들어 보자. 컵은 둥근 모양인가? 아니면 네모난 모양인가? 둘다 정답이다. 위에서 보면 둥글게 보이고, 정면에서 보면 장방형, 즉 네모로 보인다. 같은 컵이라도 보는 각도를 바꾸면 전혀 다른 형태로 보인다. 발상의 좌표축을 바꾼다고 하면 왠지 거창하게 들릴 수도 있지만, 그리 어려운 일은 아니다. 컵의 예처럼 시점을 조금 바꾸는 것만으로도 충분하다.

독창력의 개발법으로 잘 알려진 미국의 심리학자 오스본Osborne은 상품을 개발할 때 체크해야 할 사항을 다음과 같이 제시하고 있다.

① 그 외에 다른 용도는 없는가?

② 다른 곳에서 아이디어를 빌릴 수 있는가?

③ 대용품으로 사용할 수 있는가?

④ 형태를 바꿔 보면 어떨까?

⑤ 확대해 보면 어떨까?

⑥ 축소해 보면 어떨까?

⑦ 바꿔 넣어 보면 어떨까?

⑧ 거꾸로 하면 어떨까?

⑨ 조합해 보면 어떨까?

이 아홉 가지 항목은 아이디어를 생각할 때도 충분히 도움이 된다. 앞에서 시점을 바꾼다는 이야기를 했는데, 시점을 바꾸기 위한 힌트도 제공해 주고 있다.

실제로 어떤 사물을 이 아홉 가지 항목에 따라 이리저리 생각할 수 있는 사람은 폭넓은 사고방식의 소유자이다. 그다지 생각을 깊게 하지 않는 사람도 이 체크리스트를 이용하여 훈련해 보는 것이 좋다. 그러면 융통성이 생기고 폭넓게 사고할 수 있으며 좋은 아이디어를 쉽게 생각해낼 수 있을 것이다.

• 한 가지 관점만으로 일관하는 사람은 항상 일정한 성향을 유지하는 반면, 돌발상태가 발생했을 때 유연하게 대처하지 못하는 단점이 있다. 안타깝게도 현대사회는 수많은 변수가 도사리고 있으므로 다양한 관점을 가지는 연습이 필요하다.

위기는 발상력 향상의 기회

인간이란 위기에 처했을 때 의외의 힘을 발휘하곤 한다. 왜냐하면 곤경에 빠졌을 때는 다른 것을 생각할 여유가 없이 오로지 그 일만을 생각하기 때문이다. 따라서 어떠한 것에 대한 아이디어가 필요하다면 스스로 자신을 위기에 몰아넣는 것도 좋은 방법이다. 젊은 샐러리맨 중에는 조금 어려운 일이라도 생기면 "저는 못하겠습니다"하고 꽁무니를 빼는 사람들이 많다. 하지만 그 일이 벅차거나 그다지 자신이 없더라도 일단 도전해 보라고 권하고 싶다. 이것도 자신을 위기에 몰아넣기 위한 한 가지 방법이다.

분명 위기에 처하게 되면 심리적 압박감이 커지므로 정신적으로 고통스럽다. 하지만 노력해서 그 상황을 극복하면 점점 자신감이 붙는다. 상사가 명령한 기한보다 훨씬 짧은 시간에 완수할 수도 있다. 위기에 몰리게 되면 그 일만을 열심히 생각하기 때문에 집중력을 최대한으로 발휘하여 좋은 아이디어나 참신한 발상을 얻을 확률이 높아진다.

반대로 아이디어가 좀처럼 떠오르지 않는 이유는 그 일에 정신을 집중할 수 없거나 충분히 생각하지 않기 때문이라고 말할 수 있다. 위기는 시간을 활용하는 데에 지극히 효과적인 역할을 담당해줄 것이다.

- 사람마다 위기에 닥쳤을 때 반응하는 방법이 각양각색. 그 위기에 빠져 오랜 시간 허우적대는 사람이 있는가하면 바로 평정을 되찾고 위기 극복을 위해 두뇌를 활동시키는 사람도 있다.

발상력 향상을 위한 생각하기

일본의 산업능률대학종합연구소(産業能率大學總合研究)는 '知的思考の技術'(지적사고의 기술)이라는 책을 통해 논리력을 증진시키고 사고력을 강화시키는 7가지 방법을 제시했다. 기록이 기억을 지배하는 현대사회에서 점점 더 기계에 의존하게 되는 사람의 사고력을 어떻게 하면 회복할 수 있을까?

- **지금 무엇을 위해 이 일을 하는가, 생각하라!**
  수단인 일 때문에 목적 달성에 방해를 받는다면 당장 그 수단을 다른 것으로 대체하자.
- **이 일의 본질은 무엇인가, 꿰뚫어라!**
  듣고 보는 정보를 참고하되 객관적인 가치를 따져보자. 직관력과 통찰력이 필요하다.
- **다른 가능성은 없는가, 연구하라!**
  다각적 사고는 아이디어를 생산하는 주요 방법이다. 자신의 머릿속 틀 안에서만 생각하지 말고 다른 관점에서도 바라보자.
- **일의 선후, 경중, 차이점을 나누어라!**
  뒤죽박죽된 생각을 정리하는 작업은 원하는 시간에 원하는 성과를 내는 지름길이다.
- **프로세스를 거치고 있는가, 파악하라!**
  일이 제대로 프로세스를 거치고 있는지, 올바른 방향으로 일이 되어가고 있는지 잠깐 멈춰서서 돌아보자.
- **언제 선택하고 결정하는가, 검토하라!**
  적절한 타이밍에서 결정하지 못하고 머뭇거리면 다음 프로세스로 넘어가지 못할 뿐 아니라 일이 엉뚱한 방향으로 흘러갈 수 있다.
- **어떻게 표현하고 설명하는가, 설득하라!**
  아이디어를 가진 것으로 그치면 곤란하다. 다른 사람 또한 그 아이디어를 이해하고 동의할 때 결과물로서 빛을 발할 수 있다.

190

표현하는 발상력

좋은 아이디어를 얻기 위해 혼자서 열심히 생각만 하는 사람이 있다. 하지만 아무리 머리를 굴리고 노력하더라도 전혀 아무 것도 떠오르지 않을 때가 있다.

그럴 때 의외의 효과를 발휘하는 방법은 자신이 생각하거나 느낀 것을 말로써 표현해 보는 것이다.

이는 종이에 써 보는 것과는 다르다. 말로써 표현하는 것, 즉 누군가와 대화를 나눠보는 것이 중요하다.

물론 근무시간에 혼자 중얼거린다면 "저 사람, 요즘 좀 이상한데"라며 주위에서 의아하게 생각할 수도 있다.

그러므로 이 방법을 활용하려면 상대가 있어야 한다. 누군가에게 이야기하는 동안 서서히 자신의 생각이 정리되어, "아, 그렇지!"라며 순간적으로 좋은 아이디어가 탄생할 수 있다.

여기서 상대방은 자신과 비슷한 정도의 감각이나 지식을 갖춘 동료나 친구가 좋다. 그러면 간단한 토론도 가능해진다.

토론이 열기를 띠면 상대방의 의견에도 자극을 받아 자신의 생각이 놀랄 만큼 성장할 수도 있다.

그럴 만한 상대가 없다면 부하직원이라도 좋다. 점심시간에 커피를 마시면서, 혹은 퇴근 후에 가볍게 술을 마시며 편안한 분위기 속에서 이야기를 해 본다.

자신의 생각을 정리하고 좋은 발상을 얻는 데 목적이 있으므로 상대방의 의견이 필요하지는 않다. 하지만 자신의 이야기를 전혀 이해하지 못하는 상대라면 아무래도 곤란하다.

마치 벽을 향해 지껄이는 느낌이라면 제대로 이야기를 할 수 있을까?

이 방법은 테니스에 비유할 수 있다. 테니스는 서로 수준이 비슷한 사람끼리 하는 것이 더욱 즐겁고 유익하다. 테니스를 전혀 못 하는 사람이 상대역을 해 줄 수는 없는 노릇이다.

테니스공은 대화에 비유할 수 있다. 상대방이 받아치는 공에 따라 자신의 움직임이 다양하게 변화하는 것처럼, 상대방의 입에서 나온 말이 자신을 자극함으로써 이미지가 확대되어 신선한 발상으로 연결되기도 한다.

어떠한 방법으로든 말로 표현함으로써 자신의 생각을 정리하라. 그리고 그 생각이 납득할 수 있는 내용인지 아닌지를 상대방의 얼굴을 보며 판단하라. 그런 과정을 거치는 동안 더욱 좋은 아이디어로 다시 태어날 수 있을 것이다.

- 아이디어는 원래 머릿속 깊숙하게 숨어 있는 것인지도 모른다. 다시 말하면 이미 나는 아이디어를 가지고 있는 것이다. 찾아내기만 하면 된다.

눈으로 보는 발상력

발상력이 풍부한 사람은 시대감각이나
정보감각이 예리하여 세상의 변화에도 민감하다. 그런 사람은 대부분 순
발력도 뛰어나므로 시간 활용법에도 일가견이 있다.

사회는 항상 변화한다지만 요즘처럼 급격한 변화를 이루었던 시대도 없
을 것이다. 그만큼 변화에 적응하지 못한 기업은 살아남을 수 없으며, 인
간 또한 마찬가지다.

시간을 최대한 효과적으로 활용해도 세상이 어떻게 변하는지 제대로 알
지 못한다면 결코 앞으로 나아갈 수 없다. 좋은 아이디어를 얻기 위해서도
세상의 변화를 파악하는 것은 무엇보다 중요하다.

그러나 안타깝게도 그 변화를 파악하기란 참으로 어렵다. 그 때문인지

시대의 변화에 적응하는 방법을 일러주는 처세술 관련 서적이 많이 등장하고 있으며, 독자들에게도 인기를 얻고 있다.

이런 책들의 공통점은 한 가지 이론을 일관적으로 전개하기보다 우선 다양한 사실을 수집하여 거기서부터 자신의 주장을 내세우는 방식으로 구성되어 있다는 점이다. 즉 이론보다 증거를 중시하는 것이다. 결국 사실보다 정확한 것은 없다는 의미이며, 오로지 사실을 통해서만 시대를 읽거나 논할 수 있다는 것을 말해주고 있다.

그러므로 시대의 변화를 파악하려면 다양한 사실을 알아야 한다. 그 중에서도 비즈니스맨에게는 경제의 변화가 가장 중요하다. 하지만 그렇다고 해서 도요타나 소니의 생산현장을 보러 갈 필요까지는 없다.

간편하면서도 가장 알기 쉬운 방법은 우선 거리로 나가보는 것이다. 요 몇 년간 타운 와칭town watching 투어가 유행하고 있는데, 새로운 소비 현상을 직접 눈으로 보고 피부로 느끼면서 세상의 변화를 포착한다는 목적에서 만들어졌다. 그 때 기발한 아이디어의 힌트나 소재를 얻을 수 있다는 장점이 있다.

거리에는 다양한 사람들이 지나다니고, 유명한 빌딩이나 가게, 히트상품도 있다. 즉 거리 그 자체가 훌륭한 정보원이다. 거리를 본다는 것은 인간을 본다는 것이며, 사람들의 다양한 욕망을 알아보는 행위이기도 하다.

그만큼 변화가 빠른 거리로 나가 보는 방법은 상당한 효과를 발휘할 수 있다. 도쿄의 하라주쿠나 아오야마, 롯본기, 신주쿠 등 젊은이들이 모이는 거리는 하루가 다르게 변화한다. 워터프런트, 아키하바라 등 가볼 만한 곳은 얼마든지 있다. 거리에는 세상의 움직임을 느끼게 하는 요소가 풍성하므로 적극적으로 나가야 한다.

만약 평소에 그런 거리로 나가 본 적이 없는 사람은 미리 잡지 등을 통해 조사해 보거나 젊은 사람에게 가이드를 부탁하는 것도 좋은 작전이다.

이렇게 자신의 눈으로 직접 보거나 거리의 분위기를 피부로 느끼면, 사회적 변화에 대한 감도가 예리해질 것이다. 그것이 참신한 발상으로 연결된다.

- 경험을 아무리 많이 한다 해도 세상의 모든 것을 경험할 수는 없다. 그래서 더 많은 정보를 얻으려는 현대인들은 신문, 방송, 인터넷, 책 등 각종 매체에서 대신 모아놓은 정보를 섭렵한다.

머릿속 분리수거

Design 'One Minute'

좋은 아이디어를 얻으려면 두뇌에서 더 이상 필요 없어진 것들을 과감하게 잘라버리는 작업이 필수적이다. 폭넓게 사고하는 사람은 머릿속에 새로운 정보나 타인의 이야기를 원하는 만큼 쉽게 저장할 수 있도록 빈 공간을 둔다. 그리고 저장된 정보를 바탕으로 타인의 이야기가 적당히 가미된 좋은 아이디어를 생각해낸다.

하지만 완고한 사람의 머릿속에는 빈 공간이 없다. 그러므로 타인에게 참신한 이야기를 듣거나 새로운 정보를 접하더라도 머릿속에 넣을 수가 없다. 뭔가를 생각해야 할 필요를 느끼면 지금까지 저장되어 있던 낡은 재료만을 사용한다. 그러므로 새로운 발상이 떠오를 리 없으며 항상 같은 것만 생각하게 되는 악순환에 빠지고 만다.

시간을 활용하거나 업무를 효율적으로 진행하려면 어떤 타입이 유리할까? 당연히 폭넓은 사고방식의 융통성 있는 사람이다. 그렇게 되려면 우선 두뇌 속에서 더 이상 필요 없어진 것들을 과감히 잘라내고 빈 공간을 만들어야 한다. 그렇게 하면 새로운 정보를 쉽게 흡수할 수 있고, 그것이 새로운 발상의 소재가 된다.

머릿속에 빈 공간을 만들기 위한 또 한 가지 방법은 아무리 생각해도 일을 해결할 수 없을 때는 아예 생각을 안 하는 것이다. 업무에서 실수를 하여 상사에게 질책을 받았다고 하자. 그럴 때 다소 불만이 있다 하더라도 '내가 실수한 것이니 꾸중 듣는 건 당연하다'며 깨끗하게 받아들이고 기분을 전환하면 된다.

하지만 개중에는 지나치게 신경을 쓰고 확대해석해 버리는 사람도 있다. '큰 실수도 아닌데, 그렇게까지 야단칠 필요 없지 않은가?', '사람들 앞에서 그렇게 야단치다니 나한테 감정이 있는 게 분명해', '그러고 보니 지난번 회식자리에서도 설교를 늘어놓았지'라며 이것저것 나쁜 생각이 꼬리를 무는 것이다.

이렇게 나쁜 이미지만 마음에 담아두면 아무런 도움이 되지 않는다. 이미 끝나버린 일이니, 아무리 생각해도 해결되지 않는 것은 분명하다. 이는 시간이나 노력을 낭비하는 일에 불과하다.

뇌세포의 네트워크는 특정한 부분을 반복하여 사용하면 그 부분에 신호가 점점 전달되기 쉬워지는 특성을 가지고 있다. 그러므로 좋지 않은 일에 자꾸만 신경을 쓰다 보면 더욱 많은 생각으로 머릿속이 혼란해져서 결국 우울감에 빠진다. 그 상태가 점점 심해지면 노이로제에 걸릴 수도 있다.

나쁜 이미지가 확대되는 것을 막으려면 그 이미지를 잘라내 버리는 수밖에 없다. '아무리 생각해도 어쩔 수 없는 일이다' 라며 스스로를 타이르고, 더 이상 생각하지 않게끔 노력해야 한다. 이것은 생각만큼 쉬운 일은 아니지만 다른 즐거운 일을 생각하거나, 성공한 자신의 모습을 상상하면서 기분을 전환하도록 해야 한다.

이것도 훈련이 필요하다. 아무런 노력도 하지 않으면 진보가 없을 뿐더러 쓸 데 없는 생각만 많아진다. 처음에는 잘 안 되더라도 몇 번이고 다시 시도해 보면 성공할 수 있을 것이다. 이 훈련은 회사 업무보다도 오히려 일상생활과 관련된 상황에서 시도해 보는 것이 더욱 효과적이다.

• 컴퓨터의 기억 공간도 여유가 있어야 프로그램이 잘 실행된다. 사람의 기억 공간도 마찬가지. 장기기억과 단기기억을 다른 폴더에 저장하는 센스 또한 필요하다.

다른 사람의 의견도 소중한 정보

발상력을 발휘하거나 아이디어를 얻기 위해서는 '기초지식'이 필요하다. 그런 의미에서 어떤 말에나 귀를 기울이는 습관을 형성하는 것이 좋다.

그 당시에는 재미없다고 느껴졌던 내용이라도 시간이 지나서 어떤 식으로 도움이 될지 모른다. 여하튼 타인의 이야기를 잘 듣고 정보에 민감해지는 것이 중요하다. 그것도 단순히 귀를 기울이는 수준이 아니라, 듣고 이해하며 상대방의 이야기를 이끌어내는 수준까지 이르도록 해야 한다.

이야기를 듣기 위한 가장 간편한 도구는 뭐니 뭐니 해도 전화다. 분명 전화는 편리하다. 예컨대 미국이나 유럽 등 아무리 멀리 떨어진 장소라도 필요하다면 당장이라도 전화를 걸어 이야기를 할 수 있다.

물론 전화만으로 해결되는 일이라면 전화를 많이 활용하는 것이 좋다. 연락이나 확인, 그리고 간단한 문의 등 전화만으로도 충분한 경우는 많다. 하지만 깊은 대화를 해야 할 경우라면 직접 만나서 이야기를 나누는 것이 제일 좋다.

우리는 정보를 대부분 눈으로 받아들이며 귀로 얻는 정보는 불과 10% 밖에 되지 않는다고 한다. 전화를 통해서는 상대방의 표정이나 몸짓을 볼 수 없으므로 정보량도 상당히 줄어든다. 특히 미묘한 심리상태나 뉘앙스가 판단의 열쇠가 되는 경우라면, 반드시 만나서 이야기해야 한다.

전화를 통한 대화는 오해를 불러일으키기 쉬운데, 그것은 정보량이 적고 커뮤니케이션으로서의 능률이 낮기 때문이다. 이메일도 마찬가지이다.

따라서 자세한 이야기를 듣고 싶다면 되도록 만나서 이야기를 나눠라. 만나러 가는 동안 버스를 타거나 거리를 걸으면서 새로운 환경도 접해 보라. 그러면 순간순간 스쳐 지나가는 사람들의 모습에서 신선한 자극을 받을 수도 있다. 이것이야말로 일석이조의 효과가 아니겠는가?

물론 업무에 직접적으로 적용시킬 수 있는 정보가 가장 중요한 것은 사실이다. 하지만 전혀 관계없어 보이는 정보도 소중하다는 사실을 명심하라. 이런 정보는 두뇌의 활성화에도 도움을 줄 수 있고, 다른 정보와 연결되어 참신한 발상으로 탄생할 수 있다.

어떤 말에나 귀를 기울이는 습관을 들여야 한다는 것은 바로 이런 이유에서이다. 따라서 타인의 이야기를 경청할 줄 아는 태도를 잊어서는 안 된다.

타인의 이야기를 잘 듣기 위해서 뭔가 특별한 노력이 필요한 것은 아니다. 조금 시시하다고 느끼더라도 "그것 참 흥미롭군요"라든지, "좋은 의견이네요"라고 가볍게 고개를 끄덕이는 것만으로도 대화는 더욱 발전될 수 있다.

논쟁하는 것이 목적이 아니므로 자신의 의견을 주장하기보다 상대의 말을 가만히 들어주도록 한다. 정보는 일단 많으면 많을수록 좋기 때문이다. 그것을 어떻게 활용하고 어떤 것을 버릴지는 나중에 판단하면 된다.

다른 사람의 이야기를 경청하는 습관을 들이면 상대방도 여러 가지 이야기를 하고 싶어지게 될 것이므로 더 많은 이야기를 들을 수 있게 된다.

- 사람 만나는 일에 익숙하지 않은 신입사원의 경우 모든 것을 전화로만 해결하려고 할 것이다. 사람을 대면하는 일이 성격상 어려운 사람들은 그러한 상황을 피하려고만 할 것이다. 하지만 이 세상일들이 거의 사람과 사람이 만나서 이루어지는 것들이다. 상황을 피하기보다 차라리 부딪쳐서 시행착오를 겪어봐야 극복할 용기를 가지게 될 것이다.

타인의 발상도 나의 것

아무도 상상할 수 없었던 새로운 발상이나 참신한 아이디어를 생각해낸다는 것은 결코 쉬운 일이 아니다. 이 방면에서 보통 사람들보다 뛰어난 사람이 있는데 그런 사람이야말로 프로라 불릴 만하다.

그러나 회사에서 일을 하는 동안 어떤 주제에 대한 보고서를 내야 하거나 혹은 어떤 새로운 기획을 생각해야 하는 경우라도, 프로에 가까운 수준을 요구하는 사람은 거의 없다. 일반적으로 대략적인 발상만으로도 통용되는 경우가 대부분이다.

따라서 아무리 생각해도 좋은 아이디어가 떠오르지 않을 때는 대략적으로 생각하면 된다.

그렇다고 전혀 아무런 노력 없이 타인의 생각만을 빌려온다면 좀 곤란하다. 타인의 발상, 타인의 논법을 참고로 하되 자신의 아이디어를 조금 덧붙여 색다르게 바꿔보는 것이다.

프랑스의 철학자 알랭^{Alain}은 "깊이 있는 사상의 소유자들은 타인의 생각 속에서 자신에게 좋은 부분만을 채택하여 그것을 발전시킨다"고 말한 적이 있다.

따라서 타인의 아이디어 속에서 자신에게 도움이 되는 부분이나 자신을 발전시켜 줄만한 것을 선택하여, 그것을 중심으로 발전시키는 방법을 권장한다.

즉 타인의 발상을 자기 나름대로의 방식으로 꾸미는 것이다. 하지만 갑자기 생각을 해내야 하는 경우라면 이런 대략적 발상조차 떠오르지 않을 때도 있다. 그럴 땐 어떻게 하는 것이 좋을까?

특별히 따로 공부할 필요는 없다. 모든 분야의 표면적인 지식만이라도 알아두는 것이 의외로 효과적일 수 있다.

사외 스터디 모임, 파티, 친구들과의 술자리 등 이렇듯 다양한 기회를 이용하여, 독특한 의견, 흥미로운 정보, 신선한 아이디어를 받아들이기 위해 항상 안테나를 세우는 것이다.

단지 가만히 듣고 있는 것보다 되도록 이야기에 참여하여 질문하거나 의견을 이끌어내는 적극성이 필요하다.

이처럼 발상력의 기초가 되는 소재를 저장해 두면, 필요할 때마다 꺼내어 활용할 수 있다.

　이것 역시 헛된 노력이나 시간 낭비를 최소한으로 줄이고, 주어진 시간을 최대한으로 활용하는 방법 중 하나이다.

- 사람을 만나서 이야기를 하다 보면 자연스럽게 정보를 공유하게 된다. 어느 문제를 계속 생각하고 있으면 상대방의 이야기 속에서 그 문제의 실마리를 찾아내는 일이 어렵지 않다.

메모의 발견

'아, 이것 참 흥미롭군!' 타인과 이야기를 나누면서, 이렇게 강렬한 자극을 받아 좋은 아이디어가 떠오를 때가 있다. 길을 걷다가 새로운 것을 발견했을 때도 가끔 일어날 수 있는 일이다. 이처럼 보고 들었던 것을 기억해 두면, 나중에 업무에도 충분히 도움을 줄 수 있다.

가장 좋은 방법은 잊기 전에 메모를 해두는 것이다. 메모지와 볼펜을 들고 다니며 생각날 때마다 적어두라. 혹은 전자수첩이나 휴대전화의 메모 기능을 활용해도 좋다.

어떤 방법을 쓰더라도 잊어버리기 전에 꼬박꼬박 메모를 해두어야 한다. 그렇지 않으면 모처럼 떠오른 좋은 아이디어가 사라져버리는 불상사가 생길지도 모른다.

그러나 메모를 한다는 것이 얼핏 간단해 보이지만 막상 하려고 하면 생각처럼 잘 되지 않는다. 회의나 미팅에 참가할 때는 누구라도 열심히 노트에 메모하지만 평상시에는 좀처럼 실천하게 되지 않는다.

회사의 업무는 지극히 일상적이므로, 자극적인 일이 좀처럼 일어나지 않아 참신한 발상을 기대하기도 어렵다. 그만큼 일에 몰두하고 있기 때문일까, 아니면 일에 쫓기고 있기 때문일까, 새로운 것을 생각해내는 감각이 둔해져버린 것만은 사실인 것 같다.

아무래도 일상적인 업무에서 해방되어 마음이 편안해졌을 때, 새롭고 신선한 아이디어가 떠오르는 법이다. 휴일에 거리를 걸으며 산책을 하거나, 퇴근 후에 학창시절 친구들과 술을 마시며 이야기를 나누다 보면, 기분이 느긋해져서 모든 자극에 민감하게 반응하기 때문이다.

그런데 그 때 생각난 아이디어를 하나도 빠짐없이 완벽하게 메모한다는 것은 거의 불가능하다. 그렇다면 어떻게 하는 것이 좋을까? 핵심 단어를 추려내 그때의 이미지를 기억해두는 것이다.

몇 가지 키워드 정도라면 일부러 메모지를 준비하지 않아도 냅킨 등을 이용할 수 있다.

키워드도 너무 많아지면 나중에 혼란스러워지므로, 세 단어 정도로 압축하도록 한다.

세 개의 중요한 단어를 기점으로 하여 인상에 남았던 정경을 연상적으로 떠올리면, 비록 단편적이긴 하나 사실을 재현하는 일이 그렇게 어렵지는 않을 것이다. 순간적으로 번뜩인 발상, 새로운 정보 등 그 당시의 기억을 100% 정확하게 떠올리진 못하더라도 충분히 도움이 될 수 있다. 단 지나치게 메모에 신경을 쓰다가 더 중요한 것을 놓치는 일이 없도록 주의해야 한다.

- 메모는 메모일 뿐. 메모로 남기면 정보가 되지 않는다. 자기 전 그 날 메모를 한 번씩 훑어보고 정리해두는 것도 좋은 습관이다.

책은 기초지식의 창고

상사나 동료, 혹은 거래처 사람이 어떤 사항에 대해 질문을 하거나 아이디어를 요구하는 경우가 자주 있다. 이미 알고 있는 분야나 평소에 생각하고 있던 내용이라면 특별히 머리를 굴리지 않아도 쉽게 대답할 수 있다. 그러나 잘 알지 못하는 내용이라면, 조사를 하거나 책을 읽고 대답을 생각해야 한다. 이러한 경우에 필요한 것이 바로 기초지식이다.

책이나 인터넷으로 검색을 한다 해도 어느 정도의 지식이 뒷받침되어야 가능하다. '이것 참, 괜찮은 아이디어군', '이 내용은 흥미로운데. 해 볼 가치가 있어'라는 생각이 드는 것도 기초지식이라는 토대가 있기 때문이다.

또한 어떤 정보가 육감을 자극하는 경우가 있다. 두뇌 속에 있는 안테나가 활발하게 활동하고 있을 때 느낄 수 있는데, 이처럼 안테나가 그 기능을 훌륭하게 수행하는 것도 기초지식이라는 토대가 있기에 가능하다.

이 기초지식은 학교에서 배운 것 외에, 넓은 사회 속에서 혹은 독서를 통해서도 얻을 수 있다. 기초지식은 그 사람의 저력인 것이다. 요즘 도시의 재개발화가 급속도로 진행되면서, 건물도 갈수록 대형화, 고층화되어 가고 있다. 고층빌딩일수록 든든한 기초공사가 필요한 법이다.

인간도 마찬가지로서, 좋은 아이디어를 생각해내거나 업무를 훌륭히 완수하려면 기초지식이 있어야 한다. 드넓은 산기슭이 정상을 떠받치고 있는 것처럼, 토대가 튼튼해야만 높은 산을 지탱할 수 있다.

급속도로 변화하는 시대에 사는 우리는 기초지식을 쌓는 훈련을 하루라도 게을리 해서는 안 된다. 가장 간편한 방법으로는 책을 읽거나 공부하거나 정보를 입수하는 행위 등이 있다.

기초지식을 쌓는다 해도 지금 당장은 도움이 되지 않는 경우가 더 많다. 하지만 걱정할 필요는 없다. 어떤 식으로든 도움이 될 날이 반드시 오기 때문이다. 지속적으로 끈기 있게 노력하는 사람을 당할 자는 없다.

예를 들어 경제서적이나 문학 그리고 철학서 등의 고전을 읽는 것도 좋다. 고전은 인류의 공통된 지성이며, 시대의 풍설에 도태되고 살아남은 존재이다. '시대에 뒤떨어진 고전 따위 읽을 여유가 없다'고 생각하는 사람이 있을지도 모르지만, 이런 지식을 갖춘 사람과 그렇지 않은 사람에게는 커다란 차이가 생긴다. '교양 수준이 얼굴에 나타난다'고 하면 조금 과장된 표현일 수 있지만, 그 사람의 잠재적인 지력이나 능력을 드러내주고 인격의 폭을 넓혀주는 것만은 사실이다.

크라이슬러 회장인 아이아코카Iacocca는 베스트셀러에 오른 자신의 저서 「아이아코카」에 이런 말을 남겼다. "내가 여기까지 올 수 있었던 것은 젊었을 때부터 읽고, 쓰고, 말했기 때문이다." 참으로 공감이 가는 구절이다. 자신의 기초지식을 더욱 높이고 싶다면, 바쁜 시간을 잘 활용하여 독서에 시간을 투자해야 한다.

결국 시간을 세 배로 활용하기 위해서는 기초지식이 모든 것을 좌우한다고 해도 과언이 아니다. 시간 활용법을 궁리하면서 책을 읽고, 기초지식을 높여서 시간을 더욱 효과적으로 활용하는 호순환을 형성하는 것이 가장 바람직한 방법이다.

- 무엇이든지 기초공사가 중요하다. 전세계 사람들이 '독서'의 중요성을 강조하는 이유는 지식의 기초공사 때문이다. 책에서 모든 지식을 얻을 수는 없지만 지식을 모으는 지혜를 얻을 수 있다.

기회는 우리 주위에 항상 널려 있다.

하지만 행운은 하늘에서 떨어지는 것이 아니라

스스로 획득하는 것이다.

Design 'One Minute'

Time
05

슬럼프를 이기는 시간관리

| 시간의 달인 위기탈출법 |

과거는 과거일 뿐

성공한 사람 중에 '지나간 일은 절대 후회하지 않는다' 는 결심을 실천하고 있는 사람이 많다. 그런 반면에 우리는 과거의 실수에 연연하며 살아가곤 한다. 경우에 따라서는 반성이 필요할 때도 있지만, 후회하고 반성해도 어쩔 도리가 없다는 것을 잘 알면서도 과거의 실수에서 헤어 나오지 못하는 것이다.

'하울링' 이라는 현상이 있다. 마이크로 이야기할 때, 스피커를 통해서 나온 소리가 다시 마이크로 들어가서 증폭되어 다시 스피커를 통해 나오고, 그 소리가 또 다시 마이크로 들어가는 것이다. 한사람의 목소리가 스피커와 마이크 사이를 급속도로 순환하면서 '삐─' 하는 날카로운 소리가 나는 현상을 말하는데, 이것만큼 귀에 거슬리는 소음도 없을 것이다.

어떤 일에서 실패했다고 해서 당시의 상황을 자꾸만 생각하면 다음에 똑같은 사태가 발생했을 때 과거의 악몽이 또다시 떠오르기 마련이다. 그러면 '또 실패하지 않을까?' 하는 불안감이 증폭되기 쉽다. 즉 하울링과 똑같은 현상이 일어나는 것이다.

'그 때 이렇게 했더라면…' 하고 후회하는 것은 귀중한 에너지를 낭비하는 일이다. 후회나 반성은 사람을 위축시킨다. 생명력 넘치는 기운이 상실되어 버리는 것도 이러한 후회나 반성이 에너지를 좀먹기 때문인 경우가 많다. 하버드 대학 교수인 히로나카 헤이스케 씨도 비슷한 말을 한 적이 있다.

"저렇게 밝고 명랑한 아이들이 나이가 들어감에 따라 점점 위축되어 간다. 왜냐하면 어떤 일을 하든지 항상 그것에 대해 반성하기 때문이다. 반성이란 자신의 에너지로 자신의 에너지를 상쇄시키는 작업이다.

가지고 태어난 에너지와 성장하면서 축적된 에너지를 있는 그대로 더하면 아이들처럼 생기 넘치는 생활을 유지할 수 있지만, 반성이라는 마이너스 에너지가 모처럼 단련된 발상력을 갉아먹고 있는 것이다."

머리로는 그렇게 생각하면서도, 자신의 실수가 자꾸만 신경 쓰이는가?

그렇다면 실패를 반성하기 전 일단 보류하는 테크닉을 이용해보라. 만약 실패했다면 이렇게 자기암시를 걸어라.

'이제부터 생각을 하지 말자. 머릿속 책상서랍에 넣어 두는 것이다.'

그렇게 하면 후회하고 자책하는 일도 없어진다. 일단 보류해 둔 반성은 시간이 지남에 따라 서서히 흐릿해진다. 완전히 사라졌다면 실제로 반성할 필요조차 없었다는 의미이다.

그래도 끝까지 남아 있는 끈질긴 반성이 있다면 시간의 흐름에 따라 조금씩 객관적인 눈으로 볼 수 있게 되므로, 보다 밝은 내일을 위한 지침이 될 수 있을 것이다.

- 실수는 누구나 할 수 있다. 그런데 성공은 누구나 하지 못한다. 왜냐하면 실수에서 벗어나지 못하고 허우적거리는 사람이 대부분이기 때문이다.

두뇌는 개발된다!

인간을 두뇌작용이라는 측면에서 크게 두 부류로 나눌 수 있다고 주장하는 사람이 있다.

한 부류는 그야말로 머리가 좋은 사람들이다. 학교 성적도 좋고 지능지수도 높다. 사회로 진출한 뒤에도 명석한 두뇌를 자랑하며 실무 처리 능력도 뛰어나다.

또 다른 부류는 그다지 눈에 띄지 않는 사람들이다. 학교 성적도 겨우 중간을 유지하는 정도이고, 왠지 모르게 멍청하게 느껴지기까지 한다.

에디슨은 후자에 속했다. 초등학교 시절에는 기억력도 나빴고 멍하니 있는 시간이 많았으며 항상 엉뚱한 질문만 했기 때문에 결국 퇴학당하고 말았다. 하지만 그의 어머니는 그의 재능을 믿고 교육시켰다. 따라서 에디슨은 마침내 세계적인 천재로서의 재능을 발휘할 수 있었다. 어머니의 도움을 받아 수학이나 과학을 독학으로 공부한 에디슨은 수많은 발명을 하고 실용화시키기에 이르렀다.

노벨상을 수상한 도네가와 스스무利根川進 박사도 대학입시에 실패하고 재수를 한 경험이 있다. '재능이 있는 사람'과 '재능이 없는 사람'의 차이를 곰곰이 생각해 보면, 사실은 재능이 발휘될 때까지 노력을 했는가 아닌가의 차이라는 것을 알 수 있다.

스포츠에서는 소질이라는 것이 어느 정도 필요하다. 야구선수의 아들은 보통 사람의 아들보다 신체적 조건이 뛰어날 수도 있다. 예를 들어 악력 80인 사람과 40인 사람은 배트 스윙의 속도에 분명 차이가 발생하기 때문이다.

하지만 선천적으로 머리가 좋고 성공할 수 있는 소질을 가지고 태어났다고 하더라도 노력하지 않는다면 그의 재능은 무용지물이 되고 만다.

머리가 좋지 않아도 가정환경이나 노력으로 두뇌가 개발되는 사람이 더 크게 성공한다. 지금이라도 늦지 않았다. 당신의 능력을 최대한 발휘할 수 있도록 노력하라.

• 두뇌는 훈련할 수록 더욱 활발하게 움직인다.

활기를 회복하자!

만약 당신이 '에너지를 빼앗기고 있는 상태'라고 하자. 피로감이 극도에 달하고, 의욕이 생기지 않는다고 하자. 그렇다면 도대체 무엇 때문에 당신은 그렇게 피곤하고 의욕이 생기지 않는 것일까?

그것은 작게 위축된 당신의 마음이 신체까지도 위축시키기 때문이다. 즉 마음이 몸을 피로하게 하는 것이다.

하지만 당신의 마음이 의욕이 넘치는 상태라면 몸의 상태도 그 수준에 맞게 활기를 띠게 된다.

성공한 사람이나 매력적인 사람이 언제나 활기에 넘친다는 사실은 누구나 안다. 그들은 바쁜 나날을 보내면서도 감기 한 번 걸리지 않고 병으로

늙는 일도 없다.

혼다 기술연구소의 혼다 소이치로 씨는 언제나 활기찬 모습으로 정평이 나 있는데, "회사의 가장 큰 재산이 뭐냐?"는 물음에 언제나 "젊은 사원들의 활기찬 에너지"라고 대답하곤 했다.

이에 반해 대부분의 보통 사람들은 항상 피곤한 표정이거나 어딘가 몸의 이상을 호소하곤 한다. '질병 속으로 도망친다' 는 말이 있을 정도로 병약한 사람은 의지도 약하다.

활기는 생명력으로 바꿔 말할 수도 있다. 프랑스인들이 즐겨 말하는 '에랑 비탈' 이다. 이것은 '생생한 느낌' 이라고도 번역할 수 있는 단어이다. 이 에랑 비탈을 감각적으로 표현하면 '피부 위로 힘이 불끈불끈 솟아오르는 느낌' 이라 할 수도 있을 것 같다.

살아있는 한 인간이라면 누구나 생명력을 갖고 있다. 몸과 마음이 적절하게 조화를 이루면서, 활동하고 성장하고 있는 상태이다. 아이들을 보면 느낄 수 있다.

하지만 이 생명력은 어른이 되어감에 따라 점점 시들어 간다. 입시공부나 경쟁 등 수많은 사회적 억압도 큰 원인 중 하나이다.

인간은 완벽하게 위축된 어른으로 완성되어, 마침내 포기의 경지에 다다른다. 활력은 어느 샌가 모두 상실되어 버리고, 하루하루를 연명해간다. 이것이 바로 노화로, 연령에 관계없이 찾아온다.

인간은 원래 활기에 가득 찬 생물이다. 노화란? 그 활기를 일시적으로 빼앗긴 것에 지나지 않는다.

게다가 빼앗고 있는 주체는 바로 자기 자신이다. 이제는 스스로의 힘으로 다시 빼앗아올 수밖에 없다.

- 60대에도 20대 같은 활력을 지닌 사람이 있는가하면, 20대에 60대 같은 노화를 경험하는 사람도 있다. 당신의 활력은 몇 살?

유의미한 휴식

휴식을 취하는 것도 중요하지만 휴식을 취하는 방법은 더욱 중요하다. 일한 뒤 취하는 휴식은 단지 '몸과 마음을 사용하지 않는 것'일까? 절대 그렇지 않다. 이는 엄청난 착각이다.

성공하는 사람은 쉬는 시간에도 쉬지 않는다. 이것이 무슨 뜻일까? 보통 사람들의 직업관이나 노동관으로는 일과 휴식이 확실히 구별된다. 일한 후에는 쉬고, 쉰 후에는 다시 일을 한다. 하루를 마무리하는 시점에는 피로에 지친 몸을 충분히 쉬게 하기 위해 수면을 취한다. 즉 휴식이란 에너지 지출을 막고 새로운 에너지가 충전되기를 기다리는 시간이다. 이 말에는 아무도 반대의견을 제시하지 않을 것이다. 하지만 정말 이것만으로 충분할까?

여기에는 중대한 착각이 두 가지 존재한다. 그 중 하나는 휴식이 완전히 일에 종속되어 버렸다는 점이다. 다음 업무를 순조롭게 진행하기 위한 것만이 휴식의 존재이유이다. 두 번째 착각은 에너지란 닳아 없어지는 것이라는 믿음이다. 고된 업무로 인해 방전된 에너지를 충전하기 위해 휴식을 취한다는 사고방식이 여기에 해당한다.

이 두 가지 착각 때문에 휴식에 에너지를 사용하지 않게 되었고, 단지 편하고 여유롭게 시간을 보내며 피로를 풀어준다는 이미지가 완성되어 버린 것이다. 이런 사고방식 하에서는, 휴식은 단순한 공백 기간, 아무 의미 없는 시간에 지나지 않는다.

현대는 스트레스 과잉 시대로 피로의 성격도 예전과는 전혀 다르다. 육체노동으로 인한 피로와는 달리, 비즈니스맨의 피로는 오히려 무기력, 권태감과 같은 정신적 타격으로 드러날 때가 많다.

우선 머리가 멍해지고 시력이 떨어지고 위장병이 생기는 등의 심신증이 대부분을 차지한다. 휴식시간을 단지 멍하니 보내는 것도 다 이유가 있다. 만사가 귀찮아지기 때문이다.

하지만 이렇게 무의미한 휴식을 취해서는 절대로 안 된다. 이런 휴식은 당신의 마음을 더더욱 위축시킬 뿐이다. 그렇다면 어떻게 쉬는 것이 좋은가? 바람직한 휴식을 위해서는 어느 정도의 활력이 필요하긴 하지만, 그 정도라면 누구라도 가지고 있으리라 생각한다.

우선 에너지는 쓰면 쓸수록 닳아 없어지는 것이라는 고정관념을 타파하

자. 육체적으로 피곤한 사람은 분명 에너지 충전이 필요하다. 하지만 비즈니스맨의 업무를 생각하면, 육체보다는 오히려 정신적 피로가 크다는 것을 알 수 있다. 문제는 그 정신적 피로가 육체에까지 악영향을 미친다는 점이다. 여기서 기억해둬야 할 것은 '정신적인 에너지는 소모되지 않는다'는 원칙이다. 피로하다고 느끼는 이유는 스트레스와 같은 외부적인 압력에 의해 그렇게 느껴지게끔 유도되기 때문이다.

사실 정신적 에너지는 바람직한 목적으로 소비한다면 그 이상으로 충전된다는 것을 알아야 한다. 정력적으로 일할 때 피로를 느끼지 않는 것은 바로 이런 이유 때문이다. 뿐만 아니라 업무를 충실하게 소화해내고 있는 동안은 즐기는 데에도 적극적이다. 게다가 독서에도 흥미를 느낀다. 이는 일상 속의 작은 순간까지 에너지가 구석구석 흘러들어가기 때문에 나타나는 현상이다.

일본 경제신문사의 사장을 지낸 바 있는 모리타 고 씨는 '바쁜 때일수록 열심히 놀고, 한가한 때일수록 배워라'라는 말을 신조로 삼았다고 한다. 그의 삶은 에너지로 항상 충만했을 것이다.

• 휴식할 때도 생각을 놓지 말자. 즐거운 생각은 두뇌에 휴식이 된다.

스위치를 다른 회로에 연결하자!

이제 바람직한 휴식의 방법을 어느 정도 이해했으리라 생각한다.

휴식이라는 미명하에 마음의 에너지가 흐르는 것을 막아서는 안 된다. 구체적으로 말하자면, "아, 피곤하다"라고 말하며 소파에 몸을 던지기보다, 뭔가 전혀 다른 대상에 에너지를 소비해야 한다는 뜻이다.

그것도 TV나 만화와 같은 수동적인 대상은 바람직하지 않다. 일기를 쓰거나, 기타를 연주하거나, 집안 환경을 바꾸거나, 그림을 그리는 등 창작 작업에 열중해 보는 것이 좋다. 평소에 어려워서 멀리했던 책을 천천히 읽어보는 것도 좋다.

어떠한 경우라도 마음까지 잠들게 하는 휴식 방법으로는 효과를 얻기 어렵다. 일상생활의 흐름 속에서 작은 창작의 시간을 마련해야 한다.

즉 일이나 공부로 탄력이 붙은 에너지의 스위치를 내리지 말고, 다른 회로에 연결함으로써 새로운 활력을 주는 것이다. 이러한 테크닉을 체험적으로 터득한 사람은 인생이라는 긴 시간을 활기차게 보낼 수 있으리라 믿는다.

• 쉴 때 잠이 최고라고 말하지 말자. 놀거리를 다양하게 가진 사람이 일도 잘 한다.

다른 분야를 넘보자!

뇌과학이 급속도로 발달된 현재, 뇌를 52개 부분까지 세분화하였으며, 각각의 부분이 특별한 작용을 하고 있다는 사실이 밝혀졌다.

또한 인간이 다양한 개성을 갖고 있는 것처럼 뇌에도 개성이 있다. 뇌의 어떤 부분이 더욱 활성화되어 있는지는 개인에 따라 각각 다르다.

"그 사람은 정말 단순해." 우리는 이런 말을 자주 하곤 하는데, 인간은 원래부터 단순한 사고를 하게끔 만들어져 있다. 그렇게 말하는 자신도 단순한 생활을 하고 있지는 않은가? 지난 일주일간 자신의 생활을 되돌아보라. 점심을 먹은 식당, 퇴근길에 들른 가게 등 지난 주와 이번 주 생활에 거의 차이를 발견할 수 없다는 점에 놀라게 될 것이다.

단순한 생활을 반복하다 보면 뇌의 특정 부분만 활동하게 된다. 다른 부분은 아무리 자신의 차례를 기다려도 불러주지 않으니, 더더욱 활동성이 저하되고 마는 악순환에 빠지는 것이다.

그러므로 평소에 자신이 그다지 좋아하지 않는 영역에도 애써 발을 디뎌볼 것을 권하고 싶다. 체육계열에 종사하는 사람이라면 문과계열에도 관심을 가져 보라. 마찬가지로 문과계열이라면 내키지 않더라도 몸을 열심히 움직여 보라. 이렇게 하면 평소에 그다지 활동하지 않는 신경세포가 움직이기 시작하면서, 그 영역의 뇌가 자극을 받는다.

국제적인 활동을 펼치고 있는 경영 컨설턴트 오마에 겐이치 씨는 흔히 볼 수 없는 멀티형 인간으로 평가받고 있다. 그는 와세다대학 이공학부 출신으로, 경영론보다는 기술개발 쪽에 훨씬 뛰어난 능력을 갖춘 인물이었다. 하지만 많은 엔지니어들과 이야기를 나누는 동안 이런 생각이 들기 시작했다. 기술자들은 자신의 연구 분야에 한해서는 뛰어난 재능을 발휘하지만, 다른 분야에 관해서는 전혀 모르는 단순한 기술자가 대부분이라는 것이다. 그는 원래부터 호기심이 왕성했지만, 그 이후로는 더욱 적극적으로 자신의 세계를 넓혀나갔다고 한다.

그 결과 경영 진단이나 경영의 지침에 대해 조언하는 일, 즉 자신도 미처 예견할 수 없었던 영역에서 훌륭한 재능을 발휘하여, 세계적인 경영 컨설턴트 기업인 맥킨지에서 근무하게 되었고, 맥킨지 일본지사의 책임자를 맡기까지 이르렀다.

오마에 씨는 자신의 생활을 최대한으로 즐긴다. 겨울이 되면 캐나다에서 스키를 타고, 여름에는 카리브해에서 스쿠버 다이빙을 즐긴다. 주말에는 직접 콘서트를 열기도 하고, 오페라 시즌에는 부인과 함께 세계의 명연주를 감상한다. 그의 주간 스케줄을 살펴보면, 같은 행동 패턴이 거의 눈에 띄지 않는다.

그리고 보면 '나는 이 분야가 전문이다' 라고 고집하는 태도는 건전하지 못하다는 생각이 든다. 자신에게 어떤 재능이 숨어 있는지, 스스로도 파악하지 못하는 경우가 많기 때문이다.

아직 젊을 때는 자신을 하나의 테두리 안에 가두지 말고, 되도록 여러 가지 일을 시도해 보는 것이 좋다. 파티나 모임에도 적극적으로 참석하라. 그리 좋아하지 않는 영역이나 내키지 않는 모임이라도 되도록 참가하는 것을 권하고 싶다. 매일 반복되는 생활 속에서 자신과 거의 접점이 없는 영역에 대해 생각하거나 행동하면, 지금까지 전혀 사용하지 않았던 뇌의 영역이 자극된다.

그러면 마치 잠에서 깨어난 것처럼 활동하기 시작할 것이다. 비전문적인 분야를 향한 도전은 뇌의 미개척 분야를 개발하는 행위와도 같다.

- 현대 사회는 멀티형인간을 원한다. 전문분야 외에 부전문분야를 키우자.

일단 벗어나자!

스트레스가 쌓이면 엔도르핀 등의 뇌
내 모르핀의 분비가 감소됨으로써, 심신의 통증에 점점 약해진다. 스트레
스가 쌓이는 것을 방지하거나 깨끗하게 해소하지 않으면, 스트레스가 스
트레스를 낳는 악순환에 빠지고 만다.

이제 막 40대에 들어선 은행원에 대한 이야기를 하고자 한다. 지금까지
정리해고의 대상은 50세 이상으로 정해져 있었는데, 계속되는 경제 불황
의 여파로 갑자기 40대까지로 확대되었다. 어느 날 그는 상사로부터 성과
물을 요구받기에 이르렀고, 그것을 달성하지 못할 시에는 정리해고를 피
할 수 없으리라는 말을 들었다.

아직 어린 두 아이와 주택 모기지론을 생각하면 식욕조차 생기지 않았

고, 아내를 봐도 섹스의 욕구가 전혀 일어나지 않았다. 그러던 어느 날, 학창시절 친구를 만나 자신의 신세를 한탄하였는데, 그 친구가 돈을 빌려주면서 "이걸로 가족끼리 발리 섬에나 다녀오게"라고 하는 것이었다.

"난 지금 한가하게 놀러 다닐 때가 아니야"라고 하며 거절하자 친구는 이렇게 말했다.

"낭떠러지 위에서 버둥거려도 아무 소용없어. 이럴 때는 과감하게 기분 전환하는 게 최고야."

이 말에 힘을 얻은 그는 미뤄두었던 휴가를 얻어서 가족과 함께 발리 여행을 떠났다.

떠날 때는 '만약 해고당한다면 앞으로 가족 여행 같은 건 꿈도 꾸지 못할 거야. 처음이자 마지막의 가족 해외여행이다'라는 마음에 즐겁지만은 않았지만, 현지에 도착한 후에는 모든 것을 잊고 즐기려고 노력했다.

그러자 그때부터 신기한 일이 일어나기 시작했다. 발리에서 돌아온 날부터는 정리해고 당할지도 모른다는 불안감이 마치 거짓말처럼 사라졌다. 마음껏 즐겨서 스트레스가 해소되었기 때문에, 뇌내에는 엔도르핀이 넘쳐나고 있었던 것이다.

밝고, 모든 일에 의욕이 넘치기 시작했으며, 지금까지 자신 없는 태도로 일관해 왔던 영업 활동에도 서서히 자신감이 붙기 시작했다. 3개월 후 목표 달성은 물론 영업성적 2위라는 영광된 자리까지 차지하게 되었다. 정리해고 대상으로부터 제외되었음은 물론이다.

스트레스와 같은 마이너스 사고는 뇌의 활동에 제동을 건다. 그럴 때는 비는 시간을 이용하여 과감하게 기분 전환을 하고 가속도를 높이는 것이 현명하다.

- 일이 복잡하게 꼬였을 때, 잠시 그 일에서 벗어나 나무가 아닌 산 전체를 바라보자. 그러면 숨겨져 있던 길이 보인다.

누구나 빠지는 슬럼프^{slump}

보통 연예인들의 인기가 폭락하거나 사업이 갑자기 쇠퇴할 때, 몸의 기운이 갑자기 없을 때 '슬럼프^{slump}'에 빠졌다고 이야기한다. 슬럼프란 원초적으로 '쿵 떨어지다'의 의미도 가지고 있다.

직장인들이 한순간 '쿵' 떨어질 때는 언제일까.

한 설문조사 업체의 결과를 보면 직장인들은 입사후 3개월에서 6개월 정도에 처음 슬럼프에 빠지는데, 그 이유는 미래가 불투명하고 비전이 없어보이기 때문이라고 한다. 직장인들은 자신이 속한 회사에서 돈을 버는 것 외에는 아무것도 얻을 것이 없다고 생각할 때 슬럼프에 빠진다는 얘기다.

슬럼프에 빠지면 입사 초기에 가졌던 자신감과 주먹을 불끈 쥐었던 의욕도 사라지고 더 이상 업무에 집중할 수가 없다. 당연히 일의 성공률은 떨어지고 종국에는 회사를 그만두고픈 충동을 억누르지 못하게 된다.

그런데 놀랍게도 그런 슬럼프를 극복하기 위해 여가생활을 즐긴다거나 충분한 휴식을 취한다는 대답보다 평소 생활을 유지한다는 대답이 굉장히 많았다. 평소 생활을 유지하면 과연 슬럼프를 극복할 수 있을까?

긍정적으로 바라보면 슬럼프는 일시적인 감정의 변화이므로 평소와 같은 생활 리듬을 유지하여 자신감과 의욕을 회복한다고 설명할 수 있다. 하지만 부정적으로 보면 직장인 대부분이 슬럼프에 빠지더라도 아무런 조치도 취하지 않고 그냥 참을 가능성도 배제할 수 없다.

사람은 감정이 있는 동물이므로 어느 누구나 슬럼프에 빠지지 않는다고 장담할 수 없다. 중요한 것은 슬럼프도 도약의 기회로 만드는 긍정적 마인드와 비전을 놓치지 않는 신념을 가지고 있으면 슬럼프 극복은 그리 어렵지 않다는 사실이다.

일을 즐기자!

IT업계의 선구자라면 누구나 빌 게이츠 Bill Gates의 이름을 떠올릴 것이다. 그가 이끄는 마이크로소프트의 사원들은 극도로 자유스러운 분위기 속에서 일을 하고 있다.

예를 들면 개인에게 주어진 과업을 완벽하게 수행하기만 하면, 무엇을 하더라도 상관하지 않는다. 복장도 자유, 근무시간도 자유다. 각각의 사원들은 개인 사무실에서 작업을 하며, 가족과 함께 출근해도 될 정도로 자유분방한 회사생활을 누리고 있다.

마이크로소프트가 개발한 '윈도우95'는 전 세계에 일대 선풍을 일으켰다. '윈도우95'로 대표되는 마이크로소프트의 히트상품은 이러한 환경 속에서 사원들 모두가 자유롭게 두뇌력을 발휘했기 때문에 탄생할 수 있었다. 언젠가 TV프로그램을 통해 마이크로소프트의 광대한 정원을 본 적이 있는데, 마치 테마파크처럼 놀이시설로 가득 채워져 있었다. 토마스 기차와 같은 모형 기차나 크루징 코스도 있어, 소형 디즈니랜드를 방불케 했다. 빌 게이츠는 사원들에게 항상 밝게 그리고 즐겁게 살도록 당부했다. 그는 실제로 사원들에게.더할 나위 없이 즐겁게 놀길 원한다는 코멘트를 전한 바 있다. 또한 대기업에서 오랫동안 채용시험을 담당하고 있는 나의 지인은 이런 이야기를 해주었다.

"오로지 근면 성실한 우등생 타입은 아무리 성적이 좋아도 채용하지 않는 편이 좋다는 것을 경험을 통해 알았어요. 그보다는 마음껏 즐기면서 학창시절을 보낸 사람이 능력을 발휘하는 경우가 많지요."

즐겁다, 유쾌하다, 재미있다…. 이런 기분을 느낄 때에는 뇌에서 도파민이라는 전달물질이 왕성하게 분비된다. 이 도파민이 인간의 행동을 결정하는 전두엽을 활성화시킴으로써, 신속하고 정확한 행동을 촉진시키는 것이다. 게다가 도파민은 기억력을 높이는 물질로도 잘 알려져 있다. 반대로 오로지 성실하고 근면한 나날을 보내다 보면 점점 뇌의 작용이 둔화된다는 충격적인 데이터가 있다.

개를 극히 제한된 움직임만 가능하도록 묶은 상태에서 전기충격을 준다. 이것을 몇 차례 반복한 후, 이번에는 자유롭게 풀어 놓은 상태에서 전기를 흐르게 한다. 그 개는 도망칠 수 있는데도 그렇게 하지 않는다. 이는 자극에 대한 반응이 둔해졌기 때문이며, 또 아무리 도망가려 해도 소용없다는 생각이 학습을 통해 완성되었기 때문이다.

세상에는 나이트클럽과 같은 곳에 한 번도 가 본 적이 없다는 우등생도 있다. 이런 사람은 자극에 대한 반응이 둔한 상태, 즉 묶여 있는 개와 똑같은 상태에 빠져 있을 가능성이 높다. 혹여 자신이 묶여 있는 개가 아닌지 걱정이 된다면, 회복 불능에 이르기 전에 노는 것의 즐거움을 깨달아야 한다. 게임센터에 들어가 보거나 노래연습장에도 가보는 것이다. 저속하고 품위 없어 보인다 하더라도, 놀 때는 열심히 놀아야 한다.

그러는 동안 도파민이 자꾸자꾸 분비됨으로써, 묶여 있는 개의 상태에서 벗어나 활동적인 인간으로 변신하게 될 것이다.

- 자신이 진정 좋아하는 일을 하면 그 일을 즐기기 쉽다.

초조함, 불안감은 빨리 떨치자!

초조함이나 불안감은 동맥을 경화시켜 위장이나 심장 등의 장기를 노화시킬 뿐만 아니라, 두뇌 작용을 방해함으로써 창조뇌에 악영향을 끼친다. 마음에 응어리가 있거나 걱정거리가 있을 때 두뇌 작용이 둔화된다는 것을 우리는 충분히 경험하여 알고 있다. 그런 의미에서 초조함과 불안감을 퇴치시켜 줄 두 가지 방법을 소개하고자 한다. 자신에게 맞는 방법을 선택하여 실행해 보라.

● 기분 좋은 분위기를 상상하는 방법

조용한 방 안, 넉넉하고 편안한 의자에 앉는다. 긴 의자에 옆으로 누워도 좋고, 침대 위에 반듯이 누워도 좋다. 그 다음으로 평화롭고 즐거운 이미지를 머릿속에 그리면서 마음을 편안하게 유지한다. 눈은 뜨고 있도록 한다. 예를 들면 해변에서 일광욕을 하고 있는 장면이라든지, 한겨울 따뜻한 온실에서 쉬고 있는 장면 등 자신도 모르게 꾸벅꾸벅 졸 것만 같은 평화스러운 이미지가 좋다.

해변에서 일광욕을 하고 있는 장면을 상상했다면, 따뜻하고 기분 좋은 햇볕을 몸 전체로 느끼도록 노력한다. 마침내 그렇게 느껴지면 근육에서 힘이 빠지고 전신이 나른해지면서 기분이 좋아진다. 그런 다음 허벅지 근육의 힘을 뺀다. 허벅지가 점점 무거워지면서 따뜻하고 나른한 느낌이 들면, 마침내 다리 전체가 무겁게 느껴질 것이다. 서서히 몽롱한 기운이 느껴지면서 마음이 차분해진다.

또한 차분한 마음과 편안한 몸의 느낌이 근육 전체로 퍼져나간다. 마치 전신이 푹신한 침대에 감싸이는 것처럼 기분이 좋아지며, 눈꺼풀 근육에도 점점 힘이 빠진다.

이 때 다시 한 번 해변에서 일광욕을 하고 있는 기분 좋은 이미지를 상상해 본다. 쏟아지는 태양의 따뜻한 햇살을 전신으로 느낀다. 그 따스한 느낌이 점점 강해지면서 기분이 편안해진다. 그러면 눈꺼풀이 더욱 무거워지고 눈을 뜨고 있는 것조차 귀찮아지면서 깊은 안식의 상태로 빠져든다. 몸 전체가 따뜻하고 기분 좋은 느낌으로 가득해진다.

● 그림과 음악으로 심신을 편안하게 하는 방법

눈높이에 맞춰 한 장의 그림을 걸고 그 앞에 앉는다.(실험해 본 결과, 르느와르, 고흐, 세잔느 등의 인상파 화가의 그림을 보면 알파파가 생성되기 쉽다는 것을 알아냈다. 대중 예술이나 포스터 등 원색을 많이 이용하고 있는 그림은 오히려 역효과를 낳았다) 그리고 2~3분간 눈을 감고 조용히 심호흡을 하면서 마음을 차분히 가라앉힌다. 그 때 머리는 꼿꼿이 세운 채 움직이지 않는다.

그 다음에 눈을 뜨고 그림을 본다. – 우선 그림을 전체적으로 바라본다. 그 다음에는 부분적으로 자세히 본다. 채색, 배경, 나무가 있다면 나무의 형태, 사람 얼굴이라면 눈이나 코 등을 자세히 본다. 관찰이 끝났다면 다시 한 번 그림 전체를 바라본다. 그 때 눈은 그림에만 고정시키고, 다른 대상에 신경을 쓰지 않는다. 방 안에는 자신과 그림만이 존재하는 것이나 마찬가지인 상태가 되도록 한다.

서서히 적당량의 피로감이 몰려올 것이다. 두 눈을 반쯤 자연스럽게 감고 조용히 호흡한다.

• 초조하다는 것은 심장박동이 빨라지고 너무 긴장한 상태다. 그러면 오히려 일이 손에 잡히지 않는다. 긴장감은 어느정도 적당한 것이 일하는 데에 도움이 된다.

의욕이 없을 때는 미각을 깨우자!

누구나 도무지 의욕이 생기지 않을 때가 있다. 그런 날에는 억지로 공부하거나 일에 자기 자신을 몰아넣지 말고, 오히려 맛있는 것을 먹으며 즐기는 편이 좋다.

인간이 어떤 행동을 일으키려고 할 때 대뇌 신피질의 앞쪽에 위치하는 전두연합야가 중요한 역할을 담당한다. 이 전두연합야의 작용을 활발하게 자극하는 것이 중뇌에 있는 'A10신경핵' 이다.

그러므로 의욕을 불러일으키기 위해서는 'A10신경핵' 이 활발하게 활동할 수 있게끔 유도해야 하는데, 이 신경핵은 지극히 실리적인 세포로서 특히 맛있는 음식에 민감하게 반응한다. 물론 실제로 맛있는 음식을 먹으면 더욱 생생하게 활동하겠지만, 단지 음식에 관한 정보를 보거나 듣는 것만으로도 효과적이라고 한다. 참으로 재미있는 현상이다.

TV나 잡지에는 음식에 관한 정보가 넘쳐날 정도이다. 이런 현상을 비난하는 평론가도 있으나, 뇌 전문가의 말에 의하면 맛있는 정보에 의해 의욕을 회복하고 있는 사람도 적지 않다고 한다.

일본의 천재적인 시나리오 작가였던 무코다 구니코 씨는 책상 옆에 아주 특별한 서랍을 두었다고 한다. 그 서랍에는 맛있는 정보가 가득했다. 잡지나 신문에서 맛있는 음식을 파는 가게나 산지직송 정보 등을 발견하면, 부지런히 잘라내서 이 서랍 안에 모아두었다고 한다.

좋은 아이디어가 떠오르지 않으면 일단 이 서랍을 열어보는 것이다. 그리고 친지를 위해 맛있는 식품을 주문해 주거나, 친한 친구에게 전화를 걸어 맛있는 가게에 데리고 가곤 했다.

물론 무코다 씨가 'A10신경핵'에 대해 알고 의도적으로 그렇게 한 것은 아니겠지만, 결과적으로 그녀의 특별한 서랍이 'A10신경핵'을 활성화시켜 주었고, 좋은 작품을 탄생시키는 원동력이 되었다.

- 사람에게는 먹는 욕구가 가장 기본적이라고 한다. 물론 너무 충실하면 곤란하겠다.

10분 일찍 일어나면 하루가 행복하다!

평소에 잠에서 상쾌하게 깨어나지 못하는 사람은 큰 손해를 보고 있는 것이다. "좋은 아침입니다!"라고 쾌활하게 인사하는 사람과 잠이 덜 깬 표정으로 출근하는 사람과는 호감도부터 크게 차이가 난다.

이것은 성격이나 체질과는 상관없는 문제이다. 수면패턴과 기상 시간이 잘 맞지 않아 일어나는 현상일 뿐이다.

수면에는 렘수면REM sleep과 비렘수면NREM sleep이 있다. 렘수면이란 자고 있는 동안에도 눈꺼풀 아래의 안구가 움직이지 않고 멈춰 있는 상태를 말한다.

뇌파를 조사해 보면 렘수면 시의 뇌파는 베타파이고 비렘수면 시의 뇌

242

파는 알파파이다. 이것만 봐도 두 가지 수면은 전혀 별개라는 점을 알 수 있다.

일반적으로 인간은 수면을 취하는 동안, 렘수면과 비렘수면을 반복적으로 드나든다. 잠이 깊이 든 상태는 당연히 비렘수면이다.

비렘수면에서 렘수면으로 완전히 이동한 다음에 잠에서 깨어나면 머리도 맑고 상쾌하다. 그 반대라면 왠지 머리가 무겁고 기분이 개운하지 않다. 잠을 많이 잤는데도 이상하게 머리가 상쾌하지 않다면, 비렘수면 시 잠에서 깨어났기 때문이라고 생각하면 된다.

이럴 때에는 몸을 가볍게 움직여 자율신경을 자극함으로써 심신을 깨우는 것이 가장 좋은 방법이다.

우선 침대에 누운 채로 크게 기지개를 켠다. 양팔과 양다리를 힘껏 뻗는다. 주위에 사람이 없다면 큰 소리를 내는 것이 더욱 효과적이다.

그 다음에 위를 보고 반듯이 누운 채, 하체만을 돌려 무릎으로 침대를 지그시 누른다. 그 자세로 천천히 다섯까지 센다. 좌우로 각각 수차례 반복한 후, 이번에는 무릎을 가슴까지 들어 올려 양손으로 끌어안고는 역시 다섯까지 천천히 헤아린다.

이렇게 하면 전신에 혈액이 활발하게 순환하여 온몸의 세포가 생생하게 깨어나기 시작한다. 시간이 있다면 뜨거운 물로 샤워를 함으로써 더욱 두뇌를 상쾌하게 한다.

매일 아침 이렇게 출근하면 당신의 인상은 몰라보게 좋아질 것이다. 매일 이렇게 하는 것이 무리라면, 중요한 회의나 프레젠테이션이 있는 날에 우선 실행해 보라.

'바쁜 아침 시간에 이렇게 한다는 것은 거의 불가능에 가깝다' 라고 생각할지도 모르지만, 실제로 10분만 일찍 일어난다면 충분하다.

- 몸과 정신이 잠에서 깨어 활동력을 가지려면 적응하는 시간이 필요하다. 아침에 눈을 떴으면 일단 일어나 앉아서 정신을 차리자. 눈을 뜨고 그냥 누워 있으면 다시 잠들기 마련이다.

노력하지 않는 자에게 기회는 없다!

파스퇴르 Pasteur 는 이런 말을 남겼다.

"우연은 준비가 되어 있지 않은 사람을 돕지 않는다."

이 말은 기회를 활용할 수 있는가 없는가는 평소의 자세에 달려 있다는 의미가 아닐까?

"그 사람은 운이 좋아", "나는 운이 나쁜 인간이야"라며, 사람들은 행운과 불운에 대해 자주 불평의 목소리를 높이곤 한다. 어떤 결과나 상태를 운이나 불운의 탓으로 돌리는 것이다.

하지만 주의 깊게 살펴보면 '운이 좋은 인간' 은 행운을 불러들일 만한 준비를 항상 갖추고 있다는 것을 알 수 있다.

그 대표적인 예가 시험이다. 시험 바로 전 날 밤에 봤던 부분이 시험에 나왔다는 말을 가끔 들을 수 있는데, 그럴 경우에 주위 사람들은 '운이 좋았다' 고 생각하기 쉽다. 하지만 그건 그렇지 않다.

그 사람은 출제된 문제와 같은 수준의 공부를 했기 때문에 문제에 대응할 수 있었던 것이다. 같은 문제를 어딘가에서 봤으면서도 모르고 넘어가는 사람도 있고, 문제를 풀어본 적은 있지만 정확한 답을 기입하지 못한 사람도 있을 것이다.

여기까지 생각해 보면, 같은 문제가 나온 것은 행운이었다고 생각하기보다 '단순한 우연을 행운으로 바꿀 수 있는 준비가 되어 있었다' 라고 생각하는 쪽이 본질을 정확하게 꿰뚫고 있는 것이라는 것을 알 수 있다.

기회는 우리 주위에 항상 널려 있다. 하지만 이것이 기회라는 것을 깨닫고, 떨어져 있는 기회를 주울 수 있는 사람은 얼마 되지 않는다. 기회를 판별할 수 있는 것은 역시 꾸준히 노력하는 사람뿐이다. 행운은 하늘에서 떨어지는 것이 아니라 스스로 획득하는 것이다.

- 하늘은 스스로 돕는 자를 돕는다. 아무 생각 없는 사람에게는 아무것도 주어지지 않는다.

신념을 지키면 복이 온다!

미국의 클라우드 브리스톨Claude Bristol은 그의 저서 속에서 이렇게 말했다.

당신이 원하는 것이 돈, 건강, 직장…, 그 어느 것이라도 좋다. 언젠가는 성취될 것이라는 뜨거운 신념을 가지고 있으면, 신비한 일이 계속 일어날 것이다. 결국은 당신이 원하는 대로 이루어진다.

예를 들어 당신이 운영하는 가게를 번성시키길 원한다면, 손님이 가게에 들어올 때마다 '이 손님은 분명히 뭔가를 살 것이다'라고 반복적으로 기원하는 것이다. 그렇게 하면 그 마음이 반드시 손님에게 전달된다. 게다가 상품에 대한 설명이나 진열법에도 좋은 아이디어가 떠오르고, 그 노력이 결국 구매로 연결될 것이다. 이런 식으로 하면 매상이 몇 배나 늘어날 수 있다. 이것이 바로 신념의 마력이다.

또 브리스톨은 이렇게 덧붙였다.

"만약 당신이 신념의 마법을 사용하길 원한다면 3~4장의 카드를 준비하라. 그리고 조용한 방에 앉아서 당신이 원하는 것을 스스로에게 질문해 보라. 그래서 확실한 답이 나오면 그것을 카드에 간단한 단어로 기입하라."

'매상 30% 신장', '새로운 콘텐츠 기획' 등 다양한 목표가 있을 것이다. 그것을 눈에 띄는 곳에 붙여 둔다. 그리고 다른 카드에 똑같이 적어서 그 것을 항상 몸에 지니고 다닌다. 하루 24시간 자나 깨나 그 욕구를 마음속으로 그리며, 반드시 성공하리라고 믿는다. 효과는 서서히 나타나기 시작한다. 신념을 지속시키는 동안 전혀 예측하지 못했던 곳에서 훌륭한 발상으로 나타나는 것이다.

또 침대 옆에 종이와 연필을 준비해 두고, 좋은 착상이 떠오를 때마다 즉시 적어둔다. 그리고 그 착상을 실현하고 싶다고 강하게 바란다면, 당신의 마음은 당신이 원하는 것을 반드시 가져다줄 것이다. 게다가 그 믿음이 강하면 강할수록 빨리 얻을 수 있다.

이것이 바로 브리스톨의 '신념의 마법'이다.

터무니없다고 말하는 사람이 있을지도 모르지만, 지극히 합리주의적인 사고방식을 갖고 있는 미국인 경영자 수백 명이 믿고 실행하여 마침내 성공했다는 사실을 기억해야 한다. 그 사실을 믿고 당신도 꼭 실행해 보기를 바란다. 이 말이 의미하는 것은 자신감으로 뒷받침된 신념이 당신에게 반드시 성공을 선사해줄 것이라는 사실이다.

신념은 자신감의 다음 단계이다. 또는 구체적으로 목적을 실현시키기 위한 즉효성 있는 자기암시법이라고 표현해도 좋다. 신념이란 '나는 반드시 사장이 된다', '내가 진행하고 있는 프로젝트는 분명히 성공한다', '명문대에 멋지게 합격한다'와 같이 지극히 구체적이고 강한 의지를 수반하는 믿음이다.

일반적으로 이러한 믿음은 '탁상공론'이라든지 '착각이 지나치다'라며 좋지 않은 쪽으로 평가받기 쉽다. 또한 '꿈이 크다'는 말도 결코 좋은 의미로 쓰이지 않는다.

하지만 이러한 신념이나 믿음이 목적 실현을 위해 중요한 역할을 한다는 것을 현대 심리학은 증명하고 있다. 강한 의지를 동반한 신념의 힘은 우리 인생의 수많은 난관을 돌파하게끔 해줄 것이다.

• 신념은 자만감이 아니다. 긍정적으로 자신을 다독이는 일종의 최면이다.

옮긴이의 말

오늘은 토요일. 유난히도 햇살이 따사로운 어느 봄날 오후이다. '오늘은 애들하고 놀이공원 가기로 했는데…. 미안하다, 얘들아. 언젠가는 좋아지겠지. 이런 아빠를 이해해다오.'

한국 사회에서 치열하게 몸싸움을 벌이는 직장인들은 대부분 이렇게 직장과 가정 사이에서 갈등을 겪으며 생활하고 있다. 하지만 언제나 뒷전으로 밀리는 것은 가정이다.

'내가 아니면 안 된다'는 책임감 때문에 피로로 혹사당하는 간장을 영양제한 알로 달래며 오늘도 밤늦게까지 야근을 한다.

요즘처럼 어려울 때 일하게 해주는 것만으로도 고마워해야 하는 건지, 가족을 위해 일한다고는 하지만 이것이 진정 가족을 행복하게 하는 길인지 알수가 없다.

"아빠는 일밖에 몰라"라며 입을 쑥 내밀고 제 방으로 들어가는 딸아이의 뒷모습이 아련한데, 이제는 아빠가 집에 있는지 없는지조차 궁금해 하지 않는다.

어느 직장인의 고백이다. 아니 우리 모두의 이야기이다.

오늘은 금요일, 드디어 퇴근시간이다. 상사가 먼저 퇴근해주면 좋으련만

도무지 자리 뜰 생각을 않는다. 상사가 잠시 자리를 비운 사이, 잽싸게 가방을 챙겨서 사무실을 나선다. 복도에서 상사와 맞닥뜨리면, 현관을 향하던 발길을 화장실로 돌린다. 무덤덤한 얼굴로 살짝 고개를 숙이면, 눈치 채지 못할 가능성이 높다.

좀 더 당당할 수 있다면 좋겠지만, 아직 우리 사회의 분위기 변화는 사람들의 인식 변화에 도저히 따라갈 수 없을 정도로 더디기만 하다.

그렇다면 칼퇴근은 효율적인 업무처리의 필수요건이자, 자신의 업무 스타일이라는 점을 이해시키는 장기전을 각오해야 한다. 그러려면 다른 사람보다 일찍 출근하라. 그리고 중간에 자리를 비우는 것을 삼가라. 업무 집중도가 높다는 것을 인식시켜라. 완벽한 일처리로 인정받은 당신이 칼퇴근을 하겠다는데, 이해하지 못하는 상사는 어디에도 없을 것이다.

"죄송합니다. 일이 있어서 먼저 퇴근해야겠습니다…."

칼퇴근이 무슨 죄인가? 고개를 푹 숙인 채 무슨 비밀이야기마냥 조용조용 용서를 구하는 사람이 되지 말자.

큰소리로 미소 지으며 "먼저 퇴근하겠습니다"라고 당당하게 사무실을 나서는 당신의 뒷모습은 누가 봐도 아름답고 능력있는 모습이다. 열심히 일한 후 눈치보지 말고 당당하게 퇴근하자.

미래를 여는 지식의 힘—

(주) 상상나무 :: 도서 출판 상상예찬

http://www.smbooks.com Tel. 02-325-5191